学生体质测评体系的构建与科学训练研究

戚学家　著

SPM 南方传媒 | 广东人民出版社
·广州·

图书在版编目（CIP）数据

学生体质测评体系的构建与科学训练研究 / 戚学家著. — 广州：广东人民出版社，2022.12
ISBN 978-7-218-16192-1

Ⅰ. ①学… Ⅱ. ①戚… Ⅲ. ①学生－身体素质－测试－研究②学生－身体素质－运动训练－研究 Ⅳ. ① G804.49 ② G808.17

中国版本图书馆 CIP 数据核字（2022）第 216859 号

XUESHENG TIZHI CEPING TIXI DE GOUJIAN YU KEXUE XUNLIAN YANJIU
学生体质测评体系的构建与科学训练研究
戚学家　著

出 版 人： 肖风华

责任编辑： 马妮璐
责任技编： 吴彦斌　周星奎
装帧设计： 马静静

出版发行： 广东人民出版社
地　　址： 广州市大沙头四马路 10 号（邮政编码：510102）
电　　话：（020）85716809（总编室）
传　　真：（020）85716872
网　　址： http://www.gdpph.com
印　　刷： 北京亚吉飞数码科技有限公司
开　　本： 710mm×1000mm　1/16
印　　张： 13　　**字　　数：** 206 千
版　　次： 2023 年 4 月第 1 版
印　　次： 2023 年 4 月第 1 次印刷
定　　价： 75.00 元

如发现印装质量问题，影响阅读，请与出版社（020-85716849）联系调换。
售书热线：020-87716172

前　言

当前，在健康中国背景下，提高学生的体质健康水平已成为学校体育工作的首要目标。国家教育部门和学校需要了解学生整体的体质健康情况，以便从实际出发，对学校体育工作和健康教育工作进行改进。学生也需要在了解自身体质水平的基础上有针对性地采取自我干预措施。因此，科学构建学生体质健康测评体系具有重要意义。通过测评与分析学生体质状况，真实了解学生普遍存在的健康问题，并在“健康第一”的指导思想下切实加强对学生体质健康的监管，并通过运动干预的方式解决学生体质下滑的严峻问题，培养学生的健康意识和科学运动观念，为不同学生设计针对性运动处方，指导学生科学进行体能训练，最终通过有效的运动干预而提升我国广大学生的体质健康水平，为实现健康中国战略目标奠定良好的基础。基于此，作者在查阅大量相关著作文献的基础上，精心撰写了本书。

本书共有八章，第一章调查分析我国学生体质健康状况，以了解我国学生的体质健康问题，从而为设计体能训练处方提供依据。第二章与第三章分别研究学生体质健康测评内容体系和学生体质健康监管体系，为我国学校开展学生体质测评和学生健康管理工作提供科学指导。第四章与第五章分别对学生体能训练的理论、原理及方法进行分析，从而为学生进行科学体能训练提供理论指导和方法论，旨在提升学生体能训练的效果。第六章与第七章分别对学生一般体能训练与专项体能训练的方法展开研究，从而全面提升学生的体能水平。第八章探讨不同体质学生的体能训练，根据各类体质群体的体质特征而为其设计具有针对性的运动处方，以促进学生体质的改善和健康水平的提高。

总体而言，本书具有以下几个特点。

第一，系统性。本书主要研究学生体质测评和体能训练。首先分析学生体质健康状况，其次探讨学生体质测评内容体系和体质健康监管体系的构建，最后对学生体能训练的多元理论、基本原理、科学方法以及专门性运动处方展开研究。总体上结构完整，内容丰富，层次清晰，具有较强的系统性。

第二，学术性与实效性。本研究从理论与实践出发深入探索我国学生体质健康的运动促进方法，对学生体能训练的理论与方法进行了深入的研究，为我国各级各类学校开展学生体质测试、体育教学以及健康教育等工作提供了重要的指导。研究过程中注重理论联系实际，既有科学的理论探讨，又有操作性的研究，具有鲜明的学术性、实效性。

第三，创新性。学生体质测试数据为学校健康促进工作的开展提供了真实的参考依据，为了提高学校健康促进工作的效率，切实通过体育锻炼来增强学生体质，应该在体质测试和健康促进工作之间设置一个预警环节，在体质测试的基础上全面分析、评估学生体质状况，运用信息技术手段对体质健康危险或弱势状态进行警示，从而引起有关方面对学生体质的重视。本书在学生体质健康监管体系中提出构建学生体质健康预警机制，具有创新意义和现实意义。此外，学生体质健康状况存在差异，不同体质水平的学生在体能锻炼、健康促进等方面有不同的需求，因此在学生体能训练和运动干预的研究中不能像以往那样“一刀切”，而应针对不同体质学生的身心特点设计不同的运动处方，本书关于对学生运动处方的研究充分体现了这一理念，具有创新意义。

总之，本书主要从学生体质测评与学生体能训练两个方面展开研究，全面构建学生体质测评与体质健康管理体系，科学设计学生体能训练的方法和改善体质的运动处方。本书内容丰富，研究全面，希望能够为提升学生体质健康水平和加快健康中国建设进程做出贡献。

本书在撰写过程中参考并借鉴了很多专家、学者的研究成果，在此表示诚挚的感谢。由于作者水平有限，书中难免有不妥与疏漏之处，敬请广大读者批评指正。

作　者

2022 年 5 月

目　录

第一章　我国学生体质健康状况调查与分析

青少年学生是祖国的未来和民族的希望，肩负着祖国建设的重任，他们的体质健康状况对国民体质健康水平、健康状况中国建设以及祖国未来建设都有直接的影响。青少年学生的体质健康状况，与中华民族的强劲发展息息相关，因而深受政府与社会的关注。对我国学生体质健康状况展开调查，分析学生的健康问题，并从实际出发采取有效的健康促进策略，改善学生体质状况，提升学生健康水平，这对促进学生健康成长和推进全民健康具有重要意义。本章重点调查并分析了我国学生体质健康状况，了解了当前我国各学段学生的真实健康状况，从而为展开学生健康促进工作提供现实依据。主要内容包括学生身心发展特点及规律、我国学生体质健康状况调查、《国家学生体质健康标准》解读以及影响学生体质健康的各种因素及其分析。

第一节　学生身心发展特点及规律

一、小学生身心发展特点

（一）身体发展特点

1. 中低年级学生身体发展特点

小学 1～2 年级学生一般称为低年级学生，3～4 年级学生一般称为中年级学生，所以将1～4年级学生统称为中低年级学生，他们的年龄区间为7～10岁，处于人生发展阶段的儿童时期。

(1)身体形态发展特点

在身体形态上，此年龄阶段的学生其下肢长度增加是身高增长的主要表现，身体围度的增长不明显。儿童的骨骼有良好的弹性，但受到外力冲击时也容易变形。骨骼弹性好与这一时期骨骼没有明显发生钙化、关节软骨比较厚有直接的关系。单从身体形态的发展特点来看，男生和女生之间的差异比较小。

(2)身体机能发展特点

在身体机能上，小学中低年级学生的神经兴奋过程在大脑皮层中占较大优势，神经抑制过程有待完善，表现为容易分散注意力，喜欢比较活泼和丰富的活动内容，行为上以好动为主要特点。从神经系统来看，占主导的是第一信号系统的活动，以形象思维为主，表现为具有良好的模仿能力。这一阶段儿童的心脏还处于发育期，具有脉搏节奏缺乏规律性、心搏缺乏稳定性的特征。

2. 高年级学生身体发展特点

小学5～6年级学生一般称为高年级学生，年龄范围为10～13岁，处于人生发展阶段的少儿期。

(1)身体形态发展特点

身体形态方面，学生的下肢长度增长依然是身高增长的主要表现，下肢除了长度增长外，肌肉围度也有明显的增加。

这一时期少儿身体形态的发展在性别上出现分化，表现出一定的差异。开始步入青春期的女生胸围增加速度加快，增长较快的还有骨盆围度和大腿肌肉围度，局部堆积脂肪，体重增长迅速。

男生身体围度的增长相比于长度的增长是落后的，“豆芽菜”体形反映了这一点。

(2)身体机能发展特点

小学高年级学生骨骼处于钙化期，肌肉力量处于发育期，都还没有完全定型。但高年级小学生的身体机能和小学中低年级学生相比，总体上有了发展，只是没有完全发育好。

小学高年级学生尽管心肺耐力有了一定的发展，但水平依然不高，运动时心输出量的增加主要靠心率的提高来实现，所以在较长时间或较大强度的运动中，很容易疲劳。

小学高年级学生的呼吸系统机能水平并不高，他们的胸廓还不够宽，呼吸肌也不强，但需氧量大，所以主要依靠加快呼吸频率来满足机体对氧气的需求。

（二）心理发展特点

小学生心理发展特点主要体现在以下四个方面。

1. 认知发展特点

（1）注意

小学生注意的发展具有以下特点。

第一，低年级学生以无意注意为主导，高年级以有意注意为主导。

第二，容易吸引学生注意力的往往是直观形象、生动具体的事物。

第三，注意伴随着情感色彩，具体表现在情绪上。

（2）观察

第一，小学生比较容易准确判断那些有鲜明特征的、自己熟悉的事物，难以判断那些特征模糊和感到陌生的事物。

第二，小学生在观察方面容易出错的主要原因是存在自我中心主义倾向、不熟悉二维空间和三维空间之间的转换。

（3）思维

随着小学生的生长发育，思维方式从以形象思维为主导向以抽象思维为主导过渡，也就是从具体思维向逻辑思维的过渡。需要说明的是，即使小学生的思维方式发展为以抽象思维为主，但抽象思维依然是建立在感性经验和所感知的具体形象的基础之上。因此，他们的抽象思维具有具体形象性，不同于成人的抽象思维。

（4）记忆

小学生记忆的发展具有以下特点。

第一，记忆方式从无意记忆、机械记忆为主发展为有意记忆、理解记忆为主。

第二，起初占主导的具体形象的记忆发挥了非常明显的作用，后来逐渐向抽象记忆过渡。

(5)想象

小学生的想象具有以下特点。

第一,从无意想象发展为有意想象。

第二,从脱离客观事实的想象发展为与客观事实相符的想象。

第三,从模拟性想象逐渐发展为创造性想象。

2. 情感发展特点

小学生情感发展特点如下。

第一,情感内容从单一发展为丰富。

第二,从比较外显的情感表现发展为比较深刻的情感体验。

第三,情感具有稳定性,常常保持着平静愉快的情绪状态。

3. 意志发展特点

小学阶段是对儿童的意志品质进行培养的重要时期。小学生意志发展特点见表 1-1。

表 1-1 小学生意志发展特点①

意志的品质	特征
自觉性	低水平
独断性	十分明显
果断性	尚不稳定,优柔寡断或草率决定
自制性	随年级升高而发展: 1～3 年级:迅速发展 3～4 年级:平稳 4～5 年级:迅速发展 5～6 年级:平稳
坚持性	较弱

① 刘建国,崔冬雪,范秦海. 学生体能锻炼教程[M]. 石家庄:河北教育出版社,2010.

二、初中生身心发展特点

(一)身体发展特点

1. 身体形态发展特点

处于青春发育期的初中生,其身体形态各项指标基本都处于快速发展阶段,骨骼的增长速度比肌肉快,肌肉长度的增长又比围度的增长快,肌肉横断面积依然没有显著的增加,肌纤维还是比较细,肌肉还不具备较强的收缩力量。所以很多初中生外形细长,显得瘦弱。

初中生与小学生身高增长的不同在于,小学生以下肢长度增长为主,而初中生以坐高增长为主。在身体宽度、围度的增长方面,男生很明显是随年龄增长而显著增长的,初中生小腿围度增长速度加快,肩宽、上臂围、胸围的增长速度甚至达到了高峰。

初中男生和女生的身高都在快速增长,但女生的身高增速不及男生,女生许多围度指标和宽度指标的增长率都不及男生,但骨盆宽和大腿围快速增长,几乎达到高峰。所以女生下肢看起来较粗。

总之,初中男生和女生的身体形态较小学时期相比已经呈现出了显著的差异。

2. 身体机能发展特点

初中生生长发育速度显著加快,这也表现在身体机能的发展中,具体呈现出以下鲜明特点。

(1)呼吸系统和心血管系统快速发育,但还没有发育完全,具有很强的可塑性。

(2)大脑皮质抑制过程的发展水平接近兴奋过程,从而提升了动作协调性和综合分析能力,但分化能力还较弱,难以掌握精细复杂的动作。

(3)神经细胞耐力较差,易疲劳,但恢复能力快,所以产生疲劳后能较快消除。

(二)心理发展特点

1. 认知发展特点

(1)注意

第一,初中生注意的发展不断深化,从一次注意向二次注意发展,这是最主要的表现。

第二,初中生有意注意占主导,初二学生的无意注意已达到顶峰。

(2)观察

初中生动用机体感知觉系统认识事物的过程也伴随着一系列心理活动,在心理活动的参与下,知觉活动的选择性、理解性更为突出。

初中生有较强的观察力,通过观察能够发现事物不太明显的特征,并能发现常见事物的独特性。

(3)记忆

在初中生的认知发展中,记忆是重要表现之一,其对初中生心理的发展也有重要意义。初中生记忆发展特点表现在以下几方面。

第一,从长时记忆来看,低年级学生的识记方式以有意识记为主,并能主动地进行有意识记。

第二,从短时记忆来看,短时记忆的广度到初二时已达到很高水平。

第三,随着年龄的增加,初中生的机械识记能力逐渐减退。

(4)思维

第一,初中生的思维方式以抽象逻辑思维为主,但其中不乏具体形象的成分。以抽象思维占主导的初中生通常可以合理划分各类概念的类型,也能说明为何这样分类,但也常常将自己的个人感性经验掺杂在比较理性的思维活动中。

第二,初中生思维和小学生相比更具有独立性和批判性。

2. 情绪发展特点

初中生情绪特点有如下表现。

(1)情绪具有两极性,具体体现在情绪性质、情绪体验和情绪效能三个方面。

(2)情绪体验速度快。

(3)情绪活动比较外显,易被人察觉。

(4)情绪状态富有活力。

3. 情感发展特点

初中生的情感活动从下列三方面表现出来。

(1)理智感

初中生逐渐形成理智感,在学习过程中有突出体现,特点如下。

第一,个人情感体验中多为愉快、成功的体验。

第二,体验的稳定性强。

第三,能根据自身情况自觉积极地确立自己的学习目标。

第四,对待成功的态度是理智的。

(2)道德感

初中生的道德认识处于健康发展状态。

(3)美感

初中生美感的发展相对于道德感和理智感是比较迟缓的。

4. 意志发展特点

初中生的意志发展水平较小学阶段有所提升,但依然缺乏稳定性,尚不完善,特点如下。

(1)行动动机以近景性动机为主。

(2)有决心,但无持久行动,常常半途而废。

(3)容易冲动,常常盲目行动。

(4)缺乏良好的自我调节能力。

5. 自我意识发展特点

这里从三个方面分析初中生自我意识发展的特点。

(1)自我控制能力

初中生的自我控制能力处于初步发展阶段,虽然内部控制的动力因素开始出现,但缺乏稳定性和持久性。

(3)自我体验能力

自尊感强,有时表现出闭锁性,并模仿成人的言行,表现出“成人感”。

(3)自我评价能力

初中生的自我评价能力较小学生有了显著的发展,表现在独立评价、批判性评价、抽象性评价等方面。

三、高中生身心发展特点

(一)身体发展特点

1. 身体形态发展特点

高中生身高增长主要表现为坐高增长,下肢长度增长速度明显减慢。高中生到18岁后接近成年人的身高,此时身体围度、宽度指标的增长也明显慢下来。

高中生不管是男生还是女生,身体形态指标都处于慢速增长状态,但男女生的身体形态发育特征呈现出越来越大的差异。女生皮下脂肪增厚,骨盆和乳房基本完全发育,大腿和小腿都明显变粗,体重显著上升,但肩膀窄,胸廓不大,体形看起来上肢单薄,下肢粗短,形成该体形后,基本保持稳定。男生上肢围度、宽度的增长速度比女生快,所以体形特征表现为上肢宽厚、下肢细长。

2. 身体机能和身体素质发展特点

处于青年期早期的高中生身体机能发展水平提高,表现为身体各器官系统功能的不断完善,骨骼基本完全骨化,血压基本稳定,一般情况下不会明显增加。

高中生的肌肉力量、肌肉耐力显著增强,身体素质指标的发育基本都经过了敏感期,身体素质显著提升。

(二)心理发展特点

1. 认知发展特点

(1)观察

高中生观察力的发展特点为,能明确观察目的,能准确而持久地观察,能较好地概括观察到的事物特征。

(2)记忆

在人的一生中,记忆力最强的阶段便是高中时期,记忆类型以有意识记和抽象记忆为主,记忆方式以理解识记为主。

(3)思维

以理论型抽象逻辑思维为主,其中的直观形象成分减少,而且基本形成了辩证思维。

(4)想象

高中生的想象方式以快速发展的有意想象为主,想象能力显著提升,能结合现实进行创造性想象。

2. 情绪发展特点

高中生的情绪发展特点如下。

(1)情绪表现形式以内隐为主。

(2)情绪控制以自制为主。

(3)情绪引起的动因具有抽象性。

(4)情绪体验的内容以社会性需要为主。

3. 意志发展特点

高中生意志品质的发展特点表现如下。

(1)意志自觉性

高中生意志的自觉性有明显提升,但他们缺乏吃苦耐劳的民族传统精神,而且时常表现出独断、一意孤行等不符合意志自觉性的一面。

(2)意志自制性

高中生意志自制水平有了一定的提升,自制能力具有本质上的变化，自我克制与支配能力更强。

(3)意志果断性

高一时期学生的意志果断性就有了明显的增强，但他们的判断能力和决策能力还有待提高，尚不能应对复杂局面。

(4)意志坚韧性

高中生的意志坚韧性显著增强，面对困难时基本能够坚定决心、坚持克服，并能坚持不懈地完成较为艰巨的任务。

4. 个性发展特点

高中生的个性发展主要体现在自我意识上，特点为自我分化明显，实现了“无我”→“唯我”的跨越式发展。下面具体从自我认识和自我调控两方面进行分析。

(1)自我认识

高中生自我认识的兴趣与中小学时期相比显著增加，表现如下。

第一，对自身外在形象的关注。

第三，关注自己的内心世界，对自身个性品质的关注更多一些。

第三，自尊心增强，内心敏感，常常因为不如别人而感到自卑。

第四，对自身时间方面的稳定与连续性有清晰的认识。

第五，拥有较高的自我评价能力。

(2)自我调控

高中生的自我调控能力不断发展，形成以下特征。

第一，能够区分自身行为动机的主与次。

第二，对自身行为的调控逐渐以内在调控为主，外在调控退居次要地位，调控动力发生了明显转变。

第三，高中生能够更加自觉地、有计划地付诸行动，行动的冲动和盲目因素减少。

5. 性格发展特点

性格处于关键定型期的高中生，其性格发展的特征具体表现在以下三个方面。

(1)性格的情绪特征

高中生处于青春发育后期，身心发育速度减缓，心理和智力不断走向成熟，不再像初中、小学时期那样表现得急躁、鲁莽，情绪更加稳定。

(2)性格的理智特征

高中生进入青年初期后，思维能力显著发展，分析问题时比较理性、全面和深刻。具体在性格上表现出一些很好的品质，如喜欢探索、尝新，接受新事物的意愿和能力较强，行事沉稳。

(3)性格的意志特征

高中时期，学生性格的意志特征不断发展变化，到高中毕业后，性格的意志特征基本成熟。

四、大学生身心发展特点

(一)身体发展特点

大学生的年龄分布在18～25岁之间，他们在高中学段和大学低年级学段身心发育处于青年初期，经过这一阶段的迅速发展后，到大学高年级时生理发育速度减慢，直至完全定型后不再继续生长。因此大学生的身心发育包括两个阶段，一是低年级的第二次快速生长阶段，二是高年级的生长稳定阶段，具体特点如下。

第一，大学生生理发育速度平缓，身高、体重、肩宽、盆骨等身体指标的发育均基本成熟。

第二，大学生性发育逐渐走向成熟。

第三，大学生身体机能发展旺盛，与成人无异。

第四，人一生中智力发展的最佳阶段便是大学时期，因此大学生智力发展水平比中小学时期高。

(二)心理发展特点

处于青年初期的大学生，生理发育基本稳定、成熟，同时心理发展也不断趋于成熟，而且心理发育第一次超过生理发育，这是中小学时期从来没有的现象。大学生身心发展不同步，心理发育不断完善，主要原因和特征表现如下。

第一，高等教育有计划性、系统性、多样性和专业性的特点，学生接受优质的高等教育，并频繁接触社会，积累社会经验，从而使思维能力尤其是创造性思维和逻辑思维显著发展。

第二，富有热情的大学生常常拥有强烈的情绪体验，情操越来越高尚，自我意识水平不断提升，独立意向增强，自我评价能力较强，逐步确立了正确而稳定的人生观。

第三，在素质教育环境下，大学生学业压力减小，开始思考自己的人生问题、如何实现自我价值的问题以及一些社会热点问题，这是大学生心理成熟的表现。

第四，大学是一个“微型社会”，学生以独立的姿态适应“社会”，独立意识不断增强，这是心理发展成熟的重要条件之一。

第五，大学生毕业后将走向社会，成为社会的一员，为了能够迎接社会的挑战，并在社会上实现自身价值，为社会作贡献，大学生必须完善自我，拥有成熟的心理。从这一方面来看，大学生心理成熟发展既是规律使然，又是有意识、有目的的“主动发展”。

五、学生身心发展的五大基本规律

学生身心发展的规律主要包括以下五个方面。

（一）顺序性

学生的身心发展通常具有一定的方向性和顺序性，既不能逾越，也不会逆向发展，表现如下。

(1)身体系统发展顺序：神经系统→运动系统→生殖系统；

(2)个体动作发展顺序：自上而下，由躯体中心向外围，从粗动作到细动作。

(3)心理品质发展顺序：无意注意→有意注意，机械记忆→意义记忆，具体形象思维→抽象逻辑思维，一般情绪(喜怒哀乐等)→高级情绪(道德感，理智感，美感等)。

鉴于学生身心发展的顺序性，在学生体质健康促进中要遵循循序渐进的原则，不能急于求成。

（二）阶段性

学生从小学到大学的发展变化体现出量的积累，又表现出质的飞跃。某些代表新质要素的量积累到一定程度时，就会形成质的飞跃，这是身心发展的阶段性规律。

人体发展的阶段性是有科学理论依据的，如皮亚杰的认知发展阶段理论、弗洛伊德的性心理发展阶段理论以及埃里克森的社会性发展阶段理论等。

学生身心发展的阶段性规律给我们的启示是要有针对性地干预学生体质健康，通过量的积累逐步实现积极的质的飞跃。

（三）不平衡性

在不同的生长发育阶段，学生的身心发展不可能按相同的速度直线前进，不同身心素质的发展速度、起始时间以及达到成熟水平的时间是有区别的，而且同一机能系统特性在不同发展时期的发展速率也有差异。

比如，人的身高和体重在出生第一年和青春期发展最快，力量、速度、耐力等各项身体素质发展的敏感期不同，因此我们要抓住学生身心发展的关键期和敏感期来加强健康教育，有效提升学生身心健康水平。

（四）互补性

当学生身体某一方面的机能受损甚至缺失时，可通过其他方面的超常发展得到部分补偿，这反映了人体身心发展各组成部分的相互关系，即身心发展互补性规律，包括生理和生理的互补，生理和心理的互补以及心理与心理的互补。

学生身心发展的互补性规律启示我们在学生体质健康教育中要促进身心平衡发展。

（五）差异性

尽管学生的发展经历共同的基本阶段，但依然会有个别差异，不同学生的身心发展速度、发展高度以及发展优势是有区别的，如有的学生观察能力强，有的记忆力好；有的善于理性思维，有的长于形象思维；有的早期聪明，有的大器晚成。我们要尊重学生身心发展的个体差异，了解学生的长处和优势，给予肯定，同时发现其发育的不足，尽量弥补和修复，在体质健康教育中要做到因材施教，区别对待。

第二节 我国学生体质健康状况调查

自 1985 年起，我国每 5 年开展 1 次全国学生体质与健康调研。2019 年，教育部、国家体育总局、国家卫生健康委、国家民族事务委员会、科技部、财政部部署开展了“第八次全国学生体质与健康调研工作”，调研按照分层整群随机抽样调查方法，在全国 31 个省（区、市）和新疆生产建设兵团的 93 个地市 1 258 所学校进行调研，调研学生 374 257 人，覆盖全日制普通中小学、普通高等学校的学生。调研身体形态、生理机能、身体素质、健康状况等方面的诸多指标。调研实施过程中，先进行体检项目测试，再进行体测项目测试。调研结果于 2021 年 9 月发布。本节主要从本次调研结果着手来了解我国学生体质健康状况，并将 7～18 岁的中小学生和 19～22 岁的大学生的体质健康调查结果分开说明，便于更加直观地了解不同学段学生的体质健康状况。

一、我国中小学生体质健康状况调查

（一）达标优良率

自 2014 年教育部颁布实施《国家学生体质健康标准》以来，我国学生体质健康达标优良率总体呈上升趋势，2019 年全国 6～22 岁学生体质健康达标优良率为 23.8%，其中中学生体质达标率提升比较明显，13～15 岁、16～18 岁学生体质健康达标优良率分别上升 5.1%、1.8%。

（二）身体形态

我国中小学生身高、体重、胸围等身体形态发育指标持续向好。与 2014 年全国学生体质与健康调研结果相比，2019 年全国 7～9 岁、10～12 岁、13～15 岁、16～18 岁男生身高分别增加 0.52 厘米、1.26 厘米、1.69 厘米和 0.95 厘米，体重分别增加 0.61 千克、1.73 千克、2.52 千克和

2.52 千克，胸围分别增加 0.53 厘米、1.01 厘米、0.99 厘米和 0.82 厘米。

与 2014 年相比，2019 年全国 7～9 岁、10～12 岁、13～15 岁、16～18 岁女生身高分别增加 0.72 厘米、1.24 厘米、0.97 厘米和 0.80 厘米，体重分别增加 0.70 千克、1.64 千克、2.28 千克和 1.99 千克，胸围分别增加 0.52 厘米、1.03 厘米、1.38 厘米和 0.95 厘米。

（三）肺活量

肺活量水平直接影响身体供氧能力。近年来，我国学生肺活量持续增加，初中生增长最为明显。与 2014 年相比，2019 年全国 7～9 岁、10～12 岁、13～15 岁、16～18 岁男生肺活量分别增加 82.5 毫升、153.6 毫升、209.7 毫升和 161.2 毫升。

与 2014 年相比，2019 年全国 7～9 岁、10～12 岁、13～15 岁、16～18 岁女生的肺活量分别增加 105.3 毫升、166.0 毫升、187.2 毫升和 147.0 毫升。

（四）身体素质

近年来，我国中小学生力量、速度、耐力、柔韧等素质总体出现好转。与 2014 年相比，2019 年 7～12 岁男生斜身引体增加 0.7 个；7～9 岁、10～12 岁、13～15 岁、16～18 岁女生 1 分钟仰卧起坐成绩分别增加 1.9 个、1.9 个、1.8 个和 1.6 个；13～15 岁、16～18 岁男女中学生 50 米跑成绩均有所提升，分别提高 0.09 秒和 0.01 秒；13～15 岁男生 1 000 米跑成绩提高 6.50 秒；13～15 岁女生 800 米跑成绩提高 4.49 秒。

（五）营养情况

近年来，我国学生营养不良状况持续改善。与 2014 年相比，2019 年全国 7～9 岁、10～12 岁、13～15 岁、16～18 岁学生的营养不良率分别下降 2.1%、1.6%、2.4%和 2.6%。

二、我国大学生体质健康状况调查

本次调研关于大学生（19～22 岁年龄组）体质健康的调研结果如下。

（一）达标优良率

调研结果显示，我国大学生体质健康达标优良率总体呈上升趋势，19～22 岁大学生体质健康达标优良率上升 0.2%，虽然上升不明显，但说明总体趋势良好。

（二）身体形态

与 2014 年相比，2019 年全国大学男生身高增加 0.81 厘米，体重增加 2.86 千克，胸围增加 1.54 厘米。大学女生身高增加 0.62 厘米，体重增加 1.67 千克，胸围增加 0.83 厘米，总体上形态发育指标持续向好。

（三）肺活量

肺活量显示人的心肺功能，与 2014 年相比，2019 年全国大学男生肺活量增加 92.3 毫升，大学女生肺活量增加 102.2 毫升。表明大学生肺活量水平全面上升。

（四）身体素质

与 2014 年相比，2019 年大学女生 1 分钟仰卧起坐成绩增加 1.0 个，其他身体素质测试项目成绩几乎没有提升。

（五）营养情况

近年来，我国大学生营养不良状况持续改善。与 2014 年相比，2019 年大学生营养不良率下降 2.3%。

总的来说，我国学生体质健康状况在不断改善，很多指标都有了明显的提升。但是，从此次调研中也发现了学生普遍存在的一些体质健康问题，如视力不良和近视率偏高、超重肥胖率上升、握力水平有所下降、大学生身体素质下滑等。这些问题亟待解决。基于我国学生体质与健康调研结果，教育部将精准把握学生体质健康影响因素，加强和改进学校体育与健康教育工作，提升学生体质健康水平。

第三节　《国家学生体质健康标准》解读

一、《国家学生体质健康标准》简述

《国家学生体质健康标准》(以下简称《标准》)是国家学校教育工作的基础性指导文件和教育质量基本标准,是评价学生综合素质、评估学校工作和衡量各地教育发展的重要依据,是《国家体育锻炼标准》在学校的具体实施,适用于全日制普通小学、初中、普通高中、中等职业学校、普通高等学校的学生。

本《标准》将适用对象划分为以下组别:小学、初中、高中按每个年级为一组,其中小学为 6 组、初中为 3 组、高中为 3 组。大学一、二年级为一组,三、四年级为一组,小学、初中、高中、大学各组别的测试指标均为必测指标。

本标准从身体形态、身体机能和身体素质等方面综合评定学生的体质健康水平,其中,身体形态类中的身高、体重,身体机能类中的肺活量,以及身体素质类中的 50 米跑、坐位体前屈为各年级学生共性指标。

各学校每学年开展覆盖本校各年级学生的《标准》测试工作,《标准》测试数据经当地教育行政部门按要求审核后,通过“中国学生体质健康网”上传至“国家学生体质健康标准数据管理系统”。测试和数据上传时间由教育行政部门确定。

二、《国家学生体质健康标准》测试项目

《国家学生体质健康标准》测试项目见表 1-2。

四、学生自身因素

体质良好的学生很大一部分原因是其养成了健康的生活方式与习惯，如饮食规律、营养搭配均衡、按时作息且睡眠质量高、坚持体育锻炼、劳逸结合等。这些积极的生活方式对学生身心健康非常有利，而不健康的生活方式如饮食不规律、饮食不健康、不锻炼、熬夜、沉溺于网络、人际交往少等是危害学生身心健康的主要风险因素。

第二章　学生体质健康测评的内容体系

随着社会经济的快速发展，物质生活水平的不断提高，人们在享受现代文明的同时，威胁身体健康的各种因素也随之而来。对于青少年学生而言，保持体质健康更是教育之根本。因此国家和社会对于发展学生体质健康的关注越来越多，作为学校更是责无旁贷，不仅要帮助学生树立正确的健康观念，还要教给他们科学的健康测评方法和手段。本章将从体质测评的基本理论、学生身体形态测评、学生身体机能测评和学生身体素质测评几个方面进行阐述，希望对促进我国青少年学生的体质健康起到积极作用。

第一节　体质测评的基本理论

一、体质测评的重要性

在运动或制定运动计划前必须了解自己的健康状况，是否有运动的禁忌症，以及目前的身体素质和功能状态，包括心肺功能、肌肉力量、柔韧性、体脂含量等等。通过健康筛查可以明确自己在开始运动之前是否需要医生的推荐，通过体质健康测试，可以清楚地了解自己体质健康的状况，明白自己的薄弱项目，然后在健身计划里就应该包括针对这些弱项的训练来提高或保持你的健康水平。经过一段时间的健身后进行测试，还可帮助监测自己的体质与健康状况的变化程度，作为一种激励工具，也可以作为设定目标的一个因素，这些都有助于在下一个健身周期里有的放矢地设定自己的健身目标，有针对性地选择健身策略，制订切实可行的健身计划。因此体质健康测试是个体实现科学健身的重要环节。

体质健康测试不同于体检，体检的主要目的是对身体进行病症的排查，通过科学仪器和相应的手段，对身体各项主要机能和指标进行测试，从而判断身体是否患有疾病或患病的程度。而体质测试的目的是对身体的质量进行检测，从而可以为体能做出定量分析，并为科学健身做好准备。体质测试主要面向普通大众，不对患病与否作判断，主要是针对生理功能基本正常的人群，通过体质测试来指导其健身锻炼或给出运动处方。

大多数的体质测试都很简单，很多都可以自己完成。比如同学之间相互配合，通过做俯卧撑、平衡板、长跑可以测试力量、耐力、平衡等指标。或者对于在校生来说，学校每年都会组织《国家学生体质健康标准》测试，通过肺活量、长跑的成绩可以大致了解自己的心肺耐力情况，通过仰卧起坐、引体向上、立定跳远可以了解自己力量和爆发力的情况，通过坐位体前屈可以测试身体的柔韧度。全面的测试，有助于学生清楚地了解自己的体质情况，对现有的弱项有了明确的概念，可以很好地指导日后的体育锻炼，为有目的、有针对性地开展体育运动做好准备。

二、制定体质健康评价标准的依据

关于体质健康测试和评价的方法在不断地发展之中。最初人们对身体进行测量和评价时，主要是测量肌肉力量。20 世纪初，心血管系统成为身体机能评价指标，同时还包括力量、心率、血压等指标。20 世纪中叶，又增加了柔韧性方面的评价指标。随着社会的发展，人们越来越认识到形态对人体健康的重要性。一定的形态结构，必然表现为一定的生理功能，因此将形态指标作为体质健康评价的一个方面。另外，现代医学和运动生理学的研究结果表明，良好的心肺功能可以预防心血管疾病，特别是冠心病的发生，强健的肌肉是完成人体各种运动所必需的，腹部肌肉力量差、腿后部肌肉伸展性差是引起腰背部疼痛的主要原因，柔韧性可防止在活动中损伤，适宜的身体成分可以避免由肥胖导致的各种疾病。所以，这几个方面的良好状态提供和保证了个体参与各项运动的能力，是影响人体健康水平的重要因素，同时也是影响人们学习和工作乃至提高未来生活质量的重要条件。

综合国内外的多年研究结果可以发现，无论是国内还是国外都将体质健康指标由“运动技术指标”向“健康相关指标”转变，并且将心肺功能、肌肉力量与耐力素质、柔韧素质、身体成分等几方面的评价指标作为国民体质健康的评价因素。

身体形态可以由身高、体重、腰围、臀围、体脂率等指标反映。心肺功能可以通过中长跑、台阶测试、肺活量、心率等指标反映。柔韧素质一般可通过体前屈、背伸等指标反映。肌肉力量与耐力可以通过引体向上、平板支撑、立定跳远、俯卧撑等指标反映。

健康体质评价结果是制定运动处方或科学健身指导方案的重要依据，最重要的健康体质指标包括身体成分、心肺耐力、肌肉力量和耐力以及柔韧性。

技能体质指标包括灵敏、速度、平衡、协调、爆发力、反应时，它强调的是提高身体素质和提高运动表现，与竞技运动训练密切相关。例如，足球运动员需要力量、灵敏性和速度，长跑运动员需要力量、耐力，体操运动员需要力量、柔韧性、灵敏性等，这些指标主要与运动项目密切相关。

不管是与健康相关的体质还是与技能相关的体质，都是动态发展的指标，而且与多种因素有关，比如性格、精神状态、目标、饮食、作息等。也正因为此，人们可以通过努力改善体质、增强体质，从而达到符合个人生活和工作需要的水平。总之，每个人都应努力达到或保持体质的最佳水平，从而提高总体健康水平，或者在特殊的体育运动中有突出表现。

三、体质测评标准

（一）我国国民体质健康评价标准

结合《全民健身计划纲要》的实施，1996 年我国制定和施行了《中国成年人体质测定标准》，在全国各省市、各部门中推行，对推动我国成年人的健身活动起到了很好的作用。为适应人们的体质特点和社会发展的需要，结合2000年国民体质监测工作，在《中国成年人体质测定标准》的基础上，制定《国民体质测定标准》，也就是现行的国民体质测定标准。《国民体质测定标准》的制定首次涵盖了四个年龄段的人群，幼儿（3～6岁）、儿童青少年（7～19岁）、成年人（20～59岁）和老年人（60～69岁）四个组的体质测定标准，构建了“全民健身体系和面向大众的体育服务体系”。2005年，国家体育总局公布了《普通人群体育锻炼标准（试行）》，与《学生体质健康标准（试行方案）》《军人体育锻炼标准》《公安民警体育锻炼达标标准》等一起，构成我国完整的国家体育锻炼标准，这是我国体育锻炼标准的重要突破，为政府部门在21世纪推行国民体质监测制度提供必要的科学依据，对推动群众体育工作的开展、科学指导群众进行体育锻炼具有重要意义。

《国民体质测定标准》主要以百分位数法为主，主要包括身高标准体重评价表、体重指数评价表、其他各单项指标评价表、体质综合评级表。5等级评分表示为：1分、2分、3分、4分和5分。划分的等级表示被评价者某项指标在整体中所处位置，评分越大状况越好。对机能、素质指标单项评分设立了最低限制线，以此激励人们在测试中真实发挥自身能力。身体形态例如身高、体重等不设最低线。

针对7～19岁青少年学生，执行《国家学生体质健康标准》，体质健康评价指标还涵盖了与学校体育密切相关的身体素质，如50米跑、立定跳远等。我国这些评价标准均从身体形态、身体机能和身体素质等方面综合评定体质健康水平，是促进个体体质健康发展、激励个体积极进行身体锻炼的教育手段。

（二）我国学生体质健康评价标准

《国家学生体质健康标准》的颁布与实施，是积极贯彻落实《中共中央国务院关于深化教育改革全面推进素质教育的决定》和《国务院关于基础教育改革发展的决定》的一项重要举措，是学校教育树立“健康第一”的指导思想，切实加强学校体育工作的具体措施。2002年至今，学生体质健康标准从试行到全面实施，共经历了以下四个阶段。

第一阶段，2002—2004年是标准的试行阶段。2002年7月教育部、国家体育总局联合颁布《学生体质健康标准（试行方案）》（以下简称《2002版标准》）及其实施办法，部分学校进行了试点工作。

第二阶段，2004—2007 年是试行标准的全面执行阶段。2004 年开始，在全国全面实施、执行该试行方案。

第三阶段，2007—2013 年是标准正式颁布执行阶段。2007 年 4 月，教育部、国家体育总局在认真总结试行工作的基础上，根据新形势对《2002 版标准》进行了修改和完善，颁布《国家学生体质健康标准》（以下简称《2007 版标准》）及其实施办法。

第四阶段，2014 年至今是标准修订版的执行阶段。教育部依据国家相关文件和近年来监测的情况，于 2014 年 7 月 7 日颁布了新的《国家学生体质健康标准（修订版）》（以下简称《2014 版标准》），并执行至今。

我国于 2014 年颁布《2014 版标准》，要求全国各级各类学校统一执行，执行对象是年满 6～19 岁的青少年。《2014 版标准》从身体形态、身体素质、身体功能和运动能力 4 个维度进行评价，是我国推出的最为权威的综合评价青少年体质健康水平的一套标准。通过让青少年进行测试，将各个项目的得分大体上分为优秀、良好、及格与不及格 4 个等级。当然，测试成绩是一个动态的结果，会随着青少年的成长发育与锻炼而发生变化，但是该成绩具有一定的比较价值，比如可以客观地反映青少年在同龄人群体中的相对位置，即体质的相对水平，但无法通过该测试评价个体的健康风险。因此，该测试结果不能直接反映青少年的健康水平，曾经出现过有些学生体质测试分数很高但存在健康风险的情况。

近年来，国家和地方政府先后出台了多项青少年体质健康促进政策措施，试图遏制由静坐时间较长、体力活动缺乏所带来的青少年学生超重、肥胖以及身体素质下滑的问题。2006 年 12 月，教育部、国家体育总局、共青团中央提出“阳光体育”的概念。2007 年，国家发布中央 7 号文件，全面启动“全国亿万学生阳光体育运动”计划，鼓励学生走向操场、走进大自然、走到阳光下。这次全国性行动计划从国家层面推动我国青少年的健康发展，随后在全国各地不同程度地开展了体力活动与健康促进的实践探索。如江苏省于 2012 年颁布了《学生体质健康促进行动计划》，提出了具有针对性的体育与健康促进发展的行动规划，明确了青少年学生“健康促进”工作实施的具体方案；2015 年，由教育部等部门共同推进的校园足球工作，到目前为止已经实现了建设 2 万所校园特色学校的目标。校园足球的教学、竞赛、训练体系和政策保障体系初步形成，师资队伍建设、场地规划也都在按部就班地推进。特色学校每周都有 1 节体育课教授足球，并经常性地开展校内比赛。这些活动计划的开展标志着我国青少年体力活动与健康促进逐步从制定健康公共政策的理论探索转向推动具体行动计划的实践与实施。随着“健康中国”战略深入推进，相关的教育政策和制度设计，已经将学生体质健康教育纳入教育现代化和教育办学水平的评估指标体系之中。

(三)国外青少年体质健康标准

美国现行的 FitnessGram 体质健康测试标准在全国学校推行，大部分学校已经执行，该标准是由库珀有氧中心联合其他部门研制，对象是3～18岁的普通青少年儿童。美国还构建了 Brockport health related fitness test(Brockport 健康体质测试)，为残疾青少年提供适合其残疾特征的个性化测试与服务。鉴于近年来美国青少年儿童体力活动缺乏导致的日益严重的超重和肥胖问题，测试关注健康体质指标，选择身体成分、有氧能力、肌肉功能和身体柔韧性内容中与身体健康密切相关的指标，综合评价青少年儿童的健康体质水平；评价方法采用的是标准参照的模式，即直接通过健康体质指标与健康风险建立关联，并考虑到生长发育特征构建评价标准，根据标准的切点值设立健康区、待提高区和健康风险区3个区间。测试者通过测试后对照标准就可以知道自己潜在的患病风险，能真正知晓自己的健康风险，进而可以根据健康风险制订针对性的教育或训练计划。在测试后青少年儿童无须与他人比较，主要关注自己个人目标的达成情况，以期达到适合其年龄和性别特征的最佳健康体质状态。

早在20世纪70年代，计算机信息管理技术就应用于美国青少年体质健康测试管理系统，主要是解决批量打印体质报告的问题，实现体质测定后的反馈功能，于是第一代体质健康测试报告的软件管理系统诞生。FitnessGram 管理系统的功能比较全面，生成的测试报告包括学生本人和父母两个版本，并且有前几次测试的数据作为对比。测试报告根据评价标准设定了不同颜色的范围，让学生更直接了解自己的健康状况，给父母的报告还包括提供一份个性化的身体活动、饮食等建议以及各项指标测试含义，便于家长准确了解孩子的健康状况和提出改善方法，帮助学生设定个人目标，制订健身计划，养成良好的锻炼及饮食习惯。

近年来，美国在青少年体质监控、健康测定和运动监控方面推出的应用电子产品，如手机App、网络化指导、运动腕表、可穿戴设备等处于世界前列，特别是以运动腕表为代表的可穿戴设备，已经被广泛应用于青少年体质健康监测中，提高了监测和运动时的安全性。手机App监测心率、耗氧量、能耗量、呼吸交换率，可调控个体健身方案；电子混合生物传感技术装备的应用，克服了传统电子生理技术忽视人体生物指标化学信息的缺点，能科学准确地监测青少年的运动负荷和能量代谢等特征，呈现出青少年体质健康综合监测评价的新趋势，即已经不再局限于标准的测试和评估，而是发展日常化的监控和体力活动促进，实现体质监测生活化、日常化，随时随地监控体质健康状况。表1-15提供了中美青少年体质测试标准的比较。

第二节　学生身体形态测评

一、身体形态的概念

身体形态是指人体的外部形态和基本特征。最基本的身体形态包括高度、宽度、围度、长度、充实度等来体现，通常用克托莱指数评价身体形态的发展状况。比如高度包括身高、坐高、足弓高；而长度包括腿长、臂长、手长、头长、颈长、足长等；围度则包括胸围、臂围、腿围、腰围、臀围等；宽度包括头宽、肩宽、髋宽；充实度是指体重、皮脂厚度等等。同时，还包括反映人体内部形态的指标，如心脏纵横径、肌肉的形状与横断面等。

有研究指出，身体形态与遗传和环境息息相关。一方面，人类的身体形态受制于基因遗传、生活环境和文化形态。另一方面，身体形态又具有一定的适应性，人类从远古时代起便以自己的身体为原型去构想宇宙的形态、社会的形态乃至精神的形态，并且努力适应自然环境，从而争取基因的繁衍生息。

对于青少年学生而言，身体形态是判断其身体发育健康与否的重要指标。通过测试和评价，可以客观地了解学生的生长发育及其身体成分，并且对身体素质有了初步的判断。测试和评价标准根据年龄、性别的不同而不同。身体形态没有好坏之分，在有些传统意识里会对身体形态存在一些偏见，比如身高、体重等，特别是对男性的身高最为敏感，但是这种认识往往是狭隘的，没有比较的意义。学校、教师和家长应引导学生着眼于认识自己、接纳自己并不断进步和提高。测试和评价的结果不只是看拿了多少分，更是对体质健康现状的分析，其目的更多的是作为设定健身目标的依据和自我评价的基点。

表 2-1　身体形态与遗传和环境的关系

身体形态	男		女	
	遗传因素	环境因素	遗传因素	环境因素
身高	79%	21%	95%	5%
坐高	85%	15%	85%	15%
体重	50%～63%	37%～50%	42%	58%
去脂体重	87%	13%	78%	22%
头宽	95%	5%	76%	24%
头围	94%	6%	72%	28%
肩宽	78%	22%	78%	22%
胸宽	54%	46%	55%	45%
胸围	50%	50%	50%	50%
腰宽	79%	21%	63%	37%
盆宽	75%	25%	85%	15%
臂长	80%	20%	87%	13%
臂围	65%	35%	60%	40%
腿长	77%	23%	92%	8%
腿围	60%	40%	65%	35%

二、身体形态的意义

身体形态与运动成绩密切相关,因为不同的运动项目对身体形态有着不同的要求,而经常进行某种运动项目,同时也会改变身体形态。除了运动之外,对身体形态起到决定性作用的是遗传因素和环境因素。因此,身体形态对运动人才的选拔和培养具有决定意义。在某方面具有优秀运动能力的个体,往往可以从他的身体形态中有所体现。总之,身体形态在一定程度上反映着相应的生长发育水平、身体机能水平和竞技水平,同时也影响着运动素质的发展。因此,应采用系统科学的方法对学生的身体形态进行训练,这对培养学生的体育运动能力至关重要,并且,身体形态的改善在一定程度上影响着运动素质的发展。

三、传统的身体形态测评

传统的身体形态测评就是采用人工手动的方式进行测量,身体形态相对外显和直观,可以很容易进行测量和判断。因此,长期以来无论是学生的年度体检还是入学体检,都会包含身体形态测评,也都是沿用最为基本的测评手段,做好登记和记录工作。

四、新型测评工具和手段

随着科技水平的不断发展,以及人们对生活品质的追求,对体育运动的重视逐渐增强。随之出现的是各个相关的高科技设备和软件。无论是智能体称、智能手表,还是各种更为专业的健康测评仪器或软件,极大地丰富了人们的选择。比如有许多健康 APP 和小程序功能都已经发展得相当完善,只要和手机连接上,就可以随时获得健康体质测试结果,并对结果进行简单的分析,给出运动和饮食建议。使用这些功能甚至都不用安装 APP,只要在微信小程序中搜索,可以随取随用,减少占用手机内存的情况。有些系统还可以提供 BIM 体重指数计算和体质测试答题,通过测试答题可以得到体质分析报告,包括中国人常见 9 种体质类别和健康建议。

测评系统的界面是程序的一个门面，是给用户最直观的一种视觉体验。界面设计是指软件用于和用户交流的外观、部件和程序等等。而且，现在的服务讲究提供最佳体验，这不仅仅体现在功能上，还包括在视觉感受上尽力给人一种舒服的感觉。有些应用在创意上下了很大的功夫，常常带给人意外的惊喜。

第三节　学生身体机能测评

身体机能是指人体生理活动和代谢过程的能力水平，人体的身体机能状态会随着运动而发生改变，经过长时间的合理运动，可以有效地提高身体各项机能水平。因此，测评人体的身体机能对运动具有很强的指导价值。一般而言，通过测评、比较人体在安静时、运动前、运动中和运动后不同时段身体机能指标的变化情况，作为身体机能测评的主要手段。

对于青年学生而言，他们正处于身体机能发展的最佳时期，如果结合科学运动训练，可以强化体质，提高身体素质，对全面提高国民的身体素质和健康水平具有实际意义。

一、身体机能测评及其意义

（一）身体机能的测评原理

身体机能是身体结构的体现，是在一定结构基础上体现出来的生命活动现象及规律，身体机能是指人的整体及其组成的各器官、系统所表现的生命活动。对于青少年学生来说，他们的身体机能发育水平的高低，与他们的生理因素、心理因素密切相关，是衡量学生健康水平的最重要的指标之一。身体机能水平的测评，有针对心肺功能的测评，包括呼吸机能、心肌力量以及血管壁的弹性等等，有对神经肌肉控制能力、骨骼肌收缩、能源物质摄取利用能力、内分泌机能的测评等几个方面。

身体机能状况与运动能力直接相关，如果学生的身体机能发展滞后，或者具有某些不足，就会表现在运动水平上，即身体机能会严重地制约学生运动水平的发挥。另外，身体机能也是判断运动训练效果的理论依据。对身体机能的测评，就是根据人体运动科学的相关理论以及先进的技术手段进行测试，通过检测人体在运动负荷前后的机能状况，可直观地反映身体的机能水平。

（二）身体机能测评的意义

1. 客观评价机能水平

通过测评运动前后，身体在承受负荷之前和之后的状态，可以反映身体的机能水平。正确诊断运动疲劳程度及机体恢复情况，通过对多项反映身体机能水平变化的指标进行综合测定与评价，可以客观地了解身体机能的实际水平，了解人体承受运动负荷前后的身体反应及恢复情况，可以全面地认识身体的机能状况，以及如何开展锻炼和恢复。

2. 科学掌握运动负荷

学生在校期间有常规的体育运动，这对他们的身体发育具有重要意义。然而为了避免运动损伤，进行科学的健身和锻炼，需要一些正确的方式方法做指导，这其中非常重要的一个指标，就是身体机能的测评结果。在掌握了身体机能测评数据之后，理论上学生就可以自主开展个性化的体育运动了，但是大多数学生还需要在教师的指导下进行。青年学生正处于身体机能发展的黄金时期，这个时候如果能够恰当地开展科学训练，会对体质健康、身体机能带来事半功倍的效果，也会为日后高强度的工作和社会竞争打下良好的基础。因此，通过测定生理生化指标的变化，从而达到客观评定运动负荷水平，如心率、血乳酸等，一般是最主要的负荷强度评定指标。血尿素、血红蛋白、睾酮和尿胆原等可作为负荷量评定指标。通过观测机体在适当负荷下的运动，并记录和分析这些指标的变化是找出适于个体最佳运动负荷的有效办法。总之，身体机能的测评对于指导学生参加体育运动具有不可替代的积极意义。

二、运动训练中的身体机能测评

（一）确定测试评价方案

要对运动训练过程进行科学监控，必然包括对身体机能的测评环节，在进行全面的评价之前，需要确定合理的测试评价方案，要同时满足测试评价的科学性、有效性、实用性和可行性。下面是常用的测试评价方案的基本步骤：

（1）明确测评目的，确定测评对象。测评之前最重要的是确定要测评的对象是什么人，包括他们的年龄、性别、健康情况等。然后根据测评目的以及具体的对象，设计相应的测评方案。明确测评目的指的是解决“测什么、为什么，怎么测、如何评”这些问题。然后通过查阅文献，参考现有的研究和过往的经验，选择更符合本次测评目标的手段和方法，并确定这些方法适合现有的测评对象之后，就可以进行测评工作了。

（2）确定研究方法与研究内容，选择评价指标根据测评的目的，结合运动项目的实际情况，设计研究方法，明确研究内容，技术路线，选择评价指标，这些指标要和测评目标息息相关，越能接近研究问题的本质越好，且属于可用客观方法取得准确数据，明确样本指标的采集、测定、处理方法，结合拟测样本量确定数量、要求等，并明确指定所需仪器设备的种类、数量等。

（3）相关指标的测试与评价，在运动训练中不仅要掌握好负荷强度和负荷量，还要了解运动前后身体机能的变化情况，针对运动负荷、运动时间等进行运动训练相关的身体机能评定，最常采用的指标非常丰富和全面，但是教师和学生可以有针对性地选择指标和分析，常见的指标有心率、最大心率、储备心率、血压、摄氧量、摄氧量百分比、储备摄氧量、每分钟能量消耗、代谢当量、计步器步数、肌电图、心电图、脑电图、超声心动图、血乳酸、血红蛋白、血尿素、血清肌酸激酶、血清睾酮、皮质醇比值、血氨、尿蛋白、尿肌酶、尿酮体等。

需要注意的是，这些因素需要辩证的认识和判断，每种指标之间具有一定的内在联系，与人体运动机能水平具有主要或次要的相关性，因此，如果采用单一指标进行评定会存在着局限性，需要根据测评目的和测评对象综合分析和取舍。

但是一般的，身体机能综合评定所选择的指标，需要通过研究运动项目的特征，将几个方面的因素有机结合，找出影响运动训练效果的关键指标和关键因素。另外，在确定指标时还要考虑到测试时学生的身体状况、精神状况以及测试仪器和操作的准确性等等。总之，为了较好地评定运动训练对身体机能水平的影响，在实际评定中，要根据测试目的遴选出主要指标和辅助指标，进行分组式综合评定。各项指标间要相互参考，合理选择，取长补短，较为全面地评定人体的运动机能水平，客观了解身体机能对负荷的反应，更科学地掌握和指导运动训练过程。同时，做好数据采集、整理、分析工作，为最终评价奠定基础。

（二）合理评价指标的正常值和阈值

在评定运动负荷时，要将测试结果与该指标的正常值和阈值比较，根据比较结果具体分析运动负荷的大小和身体的承受力。比如，测评不同阻力下运动性疲劳的发生和恢复规律，需要测量学生运动后的即刻指标以及次日清晨的相应指标，这些指标包括心率、血压、血红蛋白、血尿素以及血液肌酸激酶，与各指标的正常值和阈值来进行生化评定。

一般而言，机体的各项生化指标具有一定的稳定性，常常是在运动训练的影响下才会产生剧烈的波动。因此，测评时必须测定其最低值、最高值以及平均值，以此确定其生理波动范围并总结出波动规律，才有助于进行客观、全面、科学的综合评定。

综上所述，对运动训练进行身体机能的测试与评定，客观评价身体机能状态水平，正确诊断运动疲劳程度及机体恢复情况；科学控制运动负荷，避免运动损伤，作为科学运动和健身的个性化指导。科学训练提供坚实依据，在进行综合评定时，应根据测试与评定的目的、运动项目特征和运动者的年龄、性别、体质状况，训练水平等具体情况以及场地、仪器与设备条件等来选择和确定测试与评价指标。根据测试结果，依据运动人体科学原理，做出客观、全面、科学的综合评价。

第四节 学生身体素质测评

一、我国现行的身体素质标准

随着我国改革开放的深入发展，体育工作也进入了新的时期。1995年国务院先后颁布了《体育法》和《全民健身计划纲要》，从而使我国全民体育事业有了法律的保障，亿万人民将投入全民健身的滚滚潮流中。《体育法》和《全民健身计划纲要》中提到，对全民的身体素质要作定期的测试与评价，以检查全民健身的实际效果，这是一项繁重而费时的工作。

在我国现行的《国家体育锻炼标准》中，将身体素质分为速度素质、耐力素质、跳跃能力、投掷能力、攀爬能力五项。

(1)速度。测评学生的速度素质主要通过短跑的形式，比如50米、100米等来体现。

(2)耐力。通过长跑测评，比如女生的800米，男生的1 000米、1 500米都是很好的手段。

(3)跳跃。对学生的跳越素质主要通过立定跳远、助跑跳远、跳高来体现。

(4)投掷。对投掷能力的测评可以通过推铅球、投实心球来体现。

(5)攀爬。攀爬测评的是综合素质，包括力量、平衡、协调能力等等，比如可通过悬垂、引体向上来测评，在条件允许的情况下，可以通过攀岩类项目进行测评。

这几项身体素质的测评反映的是人体的速度、耐力、力量、灵敏和协调素质。每一项测评都有很多测试方法，同类测试也可以多测几项，这样测试出来的结果会更加全面和客观。比如，跳和掷的素质测试，要求受试者按跳或投的要求分别进行测试。引体向上、仰卧起坐、平板支撑、俄罗斯转体等都可以测量核心肌群的力量素质，可以让学生选择其中的两项进行测试，也可以教师随机指定测试项目进行测评。

评价的主要依据是国家制定的《体育锻炼评分标准》，根据以上的要求可以得出学生的该项素质属于优或良、及格或不及格。举例说明：如某受试者测试成绩 50 米跑 7″1，查表得分 60 分；1 000 米跑 3′40″，查表得分 75 分；立定跳远 2.4 米，查表得分 70 分；引体向上 12 次，查表得分 50 分；推铅球 9 米，查表得分 80 分将上述 5 个项目得分相加为 335 分，查等级表 335 分应为及格，那么该名学生的身体素质能力属于一般水平，应该在平时有针对性地加强训练。

二、学生身体素质测评的考试方案

通过对各校《体育课教学大纲》的查阅，对于学生身体素质的考试标准却存在一定的出入。通过统计与分析可以发现，目前各学校身体素质的考试项目及选用的方法各有不同，各校在身体素质考试方案的制定中，对考试项目、考试数量、测评手段，每个学校的测评重点和方式都各有侧重，在具体的安排上也表现不同，存在一定的地域差别和人为差别。

实际上，国家在制定标准时也考虑到了我国幅员辽阔、民族多元这些客观因素，因此赋予了地方及学校在选择考试项目时一定的自主权，国家标准作为核心参考，学校可以根据自身情况选择国家标准的规定项目，也可以根据地区特点自行选择标准以外的项目，结合两者的综合成绩进行测评。但是这也存在着另外一个问题，就是国家与学校之间缺乏一个中间环节，不能形成较为完整的系统性，各个地区自行制定的标准有时候相差甚远，使不同学校之间的成绩难以进行参照和对比。长期来看，对我国整体的体育教学和素质教育存在着一定的限制，希望国家和教育系统的同仁能够重视这一问题。为了进一步推动学生身体素质的长期、全面和健康发展，早日找到更为科学合理的解决方案，使全国教育系统内的学生身体素质测评具有一定的系统参照方案。

此外，目前各校体育评分成绩主要由体育课专项、身体素质、课堂表现、理论成绩和出勤情况决定，每个单项 20 分，总成绩 100 分。在具体的实践过程中，会受到学校和教师的影响。比如有的学校重视体育课专项，有的学校重视身体素质，每个教师对课堂表现的标准也不尽相同。因此，评分不能笼统地进行比较，需要根据具体情况进行分析。但是整体而言，还是主导加强身体素质的占比，以考核学生的身体素质为根本目的。

三、现有身体素质测评方案存在的问题

（一）考试内容单一

关于身体素质的测评其实一直都沿用早期的内容，不仅有些单一，而且也相对的片面，无论是“与健康相关的身体素质”还是“与动作技能相关的身体素质”，都不够科学全面，只能代表学生的一部分素质情况，与实际身体素质水平有较大出入，考试成绩并不能反映学生身体素质的总体情况。

（二）测评方案不够合理

测评的结果直接影响学生的体育运动发展和今后的课程计划，因此必须保证测评的科学性和准确性。目前，我国青少年学生的身体素质考试基本上还采用单项评价考试的形式，但是各个学校都更关注学生的学期总成绩，经过平均处理后，学生的单次好成绩会被忽视，这样对学生的激励作用显得十分有限。

同时，测评追求大而全，却忽视了对学生发展专项运动的鼓励。由于学生的考试项目太多，精力被分散，难以专注投入在某一项运动上，因此整体体育成绩平平，也没有深度挖掘自己的体育兴趣，对学生形成终身运动的习惯不利。

（三）测评内容缺乏自主性

体育考试测评的自主性是一些发达国家的主导形式。它强调以学生为主体，让学生自主选择最擅长和最能代表自己运动水平的项目进行考试。但是就目前来看，我国大部分普通院校对学生身体素质的考试项目，大部分没有选择项，都是统一命题、统一标准的考试形式，这也就意味着目前身体素质的考试方案并不能对学生进行区别对待，无法体现学生的差异性和个性，忽视了学生个体在身体素质具体项目上的差异。具体可体现为以下两点。

(1)在单项评价的考试方法下,学生的考试项目也只能进行部分选择,即替换式选择,主要是男生的引体向上考试项目,可以用双臂屈伸和屈臂悬垂项目来进行代替,而女生的所有身体素质考试项目都没有选择项和替换项。

(2)考试的具体实施过程比较烦琐,每次都要有具体的成绩记录,不同的学生成绩记录的结果还不一样,评分过程也变得更加复杂。当然,在单项评价的考试方法下,要想实现身体素质的自由选择,势必会产生一系列新的问题,这些问题都需要我们深入研究与分析,但在考试测评内容的选择上我们有很大的优化空间。

(四)考试测评的方式有待完善

目前86%的学生身体素质考试的具体次数都在1～2次之间,面对1～2次的考试机会,28%的学生在应试过程中会产生不同程度心理压力。学生的考试过程其实也就是学生的锻炼过程,多给学生一次考试的机会,其实也是多给学生一次锻炼的机会。对于广大的普通院校学生而言,体育教学的根本目的不是追求优异的运动水平,而是提高身体素质,因此,可以适当地增加考试次数。一方面,可以减轻学生的心理压力,另一方面,也可以增加学生的锻炼次数,毕竟每次考试前,学生都要进行训练和准备,这无疑是督促学生加强训练的好方法。

(五)忽略诊断性评价和过程评价

受应试教育的影响,在我们的体育教学中,也长期存在片面地追求考试成绩,而忽略了教学过程中的诊断性评价和过程评价。身体素质考试,更容易导致学生产生应试教育的做法。当然,素质教育的目的并不是要取消考试,而是将考试作为促进学生发展的手段,必须和学生的发展目标保持一致。目前大多数非体育专业院校,每学期的身体素质考试项目常年不变,且非常单一,难以全面地评价学生的学习过程,长期来看对学生身体素质发展也存在着消极的影响。

四、学生身体素质测评的优化

(一)测评的优化路径

学生身体素质发展的目标是长期发展、全面发展和健康发展,而身体素质考试评价的目标就是促进学生身体素质长期、全面、健康的发展,两者目标是一致的。

身体素质考试改革的总目标,是克服现有体育课身体素质考试方案中的不足,从而更好、更有效率地促进学生身体素质长期、健康、全面发展。具体的优化路径如下:

(1)完善测评内容,对学生进行全面科学测评,构建促进健康的评价方案。

(2)每学期都进行相同项目的考试,促进学生身体素质在全面的基础上长期发展。

(3)满足学生可以对考试项目、时间、考试次数进行选择的需求。

(4)考试方法要简便,简化考试的工作程序。

(5)加强考试对学生的激励作用。

(6)对学生个体上的差异要能够进行有效的区别与对待。

目前的评分方法还不够简单、对学生自主锻炼的激励作用还不够明显。依据“科学评价,重在激励”的要求,身体素质的考试除了对学生进行考查外,更为重要的是要对学生的锻炼行为产生激励作用。

建议在青少年体育课的身体素质考试中,统一采用健康评价的考试方案,规定同样的内容,同样的标准,同样的成绩比例。总的考试方案是一致的,但具体每位学生考试的内容和考试结果是不同的,并保持小学、中学、中技校、高职、大学的体育课身体素质测评的衔接与协调统一。

基于“终生体育,终生测评”的思想,可把身体素质健康评价的考核方案体系融入全民健身计划中,让国民的身体素质发展从学校开始,一直延续到社会生活中。先从城市的全民健身计划开始,宣传和引导市民积极锻炼。在职人员可以把企业一部分福利与身体素质健康评价的考核结果挂钩进行奖励,退休人员由政府提供一部分经费扶持,把全民健身计划落到实处。

表 2-2 目前考试项目的统计汇总表

项目	备注
1. 中长跑(男子 3 200 米/女子 2 000 米)	
2. 中长跑(男子 2 400 米/女子 1 600 米)	
3. 中长跑(男子 2 000 米/女子 1 200 米)	
4. 中长跑(男子 1 000 米/女子 800 米)	《学生体质健康标准》项目
5. 中长跑(男女各 800 米)	
6. 中长跑(6 分钟跑)	
7. 中长跑(12 分钟跑)	
8. 短跑 100 米	《国家体育锻炼标准》项目
9. 短跑 50 米	《学生体质健康标准》项目
10. 短跑 20 米折返跑	
11. 立定跳远	两《标准》均有的项目
12. 仰卧起坐(女)	两《标准》均有的项目
13. 跳绳(男女均 1 分钟)	
14. 跳绳(男子 1.5 分钟/女子 1 分钟)	
15. 跳绳(男子 1.5 分钟/女子 1.5 分钟)	
16. 双臂屈伸(男)	《国家体育锻炼标准》项目
17. 引体向上(男)	两《标准》均有的项目
18. 五级蛙跳	
19. 投实心球	《国家体育锻炼标准》项目
20. 坐位体前屈	《学生体质健康标准》项目
21. 握力	《学生体质健康标准》项目
22. 台阶测试	《学生体质健康标准》项目
23. 肺活量指数	《学生体质健康标准》项目
24. 身体形态指数	《学生体质健康标准》项目
25. 体质健康标准	《学生体质健康标准》项目
26. 俯卧撑	

（二）提升实用性和时效性

为了保证测评的科学性和实用性，必须严格设计测试过程的每个环节，并力争让每个环节之间具有某种内在联系或者一定的逻辑关系。要紧紧跟随时代的发展，贴近学生的现实生活，让测评真正起到服务学生身体素质发展的作用，而不是仅仅为了考试而设计。时效性是指测评方法要考虑使用的时间段不能严重远离学生的实际学习和生活环境。青少年身体素质的测试标准不是一成不变的，国家对青少年身体素质的标准一般是四年更新一次，为保证测评系统的时效性，必须对其进行测评指标和指标标准的及时校正和更新。

（三）兼容性和可操作性

学生身体素质测评系统的优化，也应该包括兼容性和可操作性。兼容性是指能够涵盖我国各个地域和民族的多种情况，能够建立一套相对全面的测评系统，使不同地区的学生都可以找到适宜的测评方式。可操作性就是极大地降低使用成本，避免不易被人们理解或容易产生歧义的测评方式，使其最大程度地降低人为误差的可能性。无论是在东部发达地区还是西部落后地区，无论是南方还是北方，无论是少数民族聚集的偏远地区，使用起来都毫无障碍，甚至作为学生也可以轻松掌握测评的方法和评价手段，能够为学生的体育运动起到实实在在的辅助作用。

第三章　学生体质健康的监控与管理体系

近年来，虽然我国学生体质健康工作取得了令人瞩目的成果，学生的健康观念和运动健身意识有了增强，但是学生的体质健康现状依然堪忧，一些健康问题给学生的学习与生活带来了困扰，也对健康中国建设造成了制约。鉴于此，加强对学生体质健康的监控与管理具有着必要性和紧迫性。本章主要对学生体质健康的监督与管理体系展开研究，包括学生体质健康监控方案和预警机制的制订与建立、学生体能训练的安全、卫生以及营养管理。通过这些研究，启发我国学生体质健康管理工作的顺利开展，有效改善学生的体质健康现状，整体提升学生体质健康水平。

第一节　学生体质健康监控方案

一、学生体质健康监控方案的制订原则

（一）全面性原则

制订学生体质健康管理方案，应充分考虑学生体质健康的影响因素，发挥积极因素的促进作用，预防不良因素的消极影响，尽可能使方案全面、完善。

(二)安全有效原则

提高学生体质健康水平是制订与实施学生体质健康监控方案的主要目的,因此监控方案中应包含运动锻炼监控的内容,要特别注意运动监控中的安全性和有效性,保障学生安全锻炼的前提下,提高锻炼效果。

(三)便于调整原则

从学生的体质健康现状出发,全面详细地制订体质健康监控管理方案,实施针对性干预,是其中的重要环节。经过干预,使学生的体质健康状况得到改善,并根据干预结果适时调整与修改体质健康监控管理方案,若有必要,也可以重新制订方案,使之更贴近学生体质健康现状与发展需求。

二、学生体质健康监控之运动监控干预方案

学生体质健康监控管理方案涉及内容非常丰富,这里主要分析体质健康监控管理的运动干预方案。运动干预是改善学生身体机能与身体素质的重要路径,运动干预方案主要包括体育课堂干预和课外干预两个方面。

(一)课堂干预

体育课堂干预方案主要是针对学生的身体素质(力量、速度、耐力、柔韧、灵敏)进行干预。下面以为期三个月(12 周)的体育课堂运动干预方案为例进行分析。

1. 第 1～3 周

这是干预的过渡期,目的是使身体机能适应运动环境,为后期练习做准备,所以以中小运动强度为主,平均心率控制在 120～140 次/分钟,最高心率维持时间短。

2. 第 4～6 周

和过渡期相比，这一阶段的运动负荷有所增加，平均心率 140～150 次/分钟，最高心率维持较长时间。

3. 第 7 周

这是测试阶段，主要针对身体机能和身体素质的一些重要指标展开测试，并为调整干预方案提供依据。

4. 第 8～10 周

这一阶段运动负荷达到最大，平均心率 145～160 次/分钟，最高心率维持较长时间，使机体不断适应大强度负荷。

5. 第 11 周

运动负荷较上一阶段有所减少。

6. 第 12 周

这是体能恢复阶段，主要做一些恢复性练习。

在上述方案的实施过程中，各项身体素质练习依次轮换，并根据测试结果调整干预内容与方法。方案实施结束后测试被干预者的体质健康情况。

(二)课外干预

课外干预是课内干预的补充与延伸，能够拓展干预内容，弥补课堂干预的不足，更好地帮助学生改善体质，提高健康水平。课外干预不仅包括运动干预，还包括培养学生的健康意识，促进学生形成健康的生活方式。

1. 培养健康意识

培养与提升学生的健康意识、自我保健意识和终身体育意识，使其养成良好的行为习惯。

2. 课外锻炼

(1)利用课间休息时间到室外做伸展练习或一些体育小游戏。

(2)课外锻炼以有氧运动为主,中等强度,每周 3～5 次,每次半小时左右。

(3)学生根据自身体质状况灵活调整运动频率、时间,以不影响第二天上课为宜。

3. 生活方式引导

(1)饮食

三餐规律,营养丰富、全面,注意补充优质蛋白和水。

(2)睡眠

严格遵守学校作息制度,无特殊情况不熬夜、不睡懒觉,养成午休的习惯,每天睡眠充足,保持良好精力,提高学习效率。

三、学生体质健康监控平台的构建方案

为了促进学生身体素质的发展,促进学生全面健康与协调发展,推进健康中国建设,提升国民体质健康水平,国家不断出台相关政策,对国民体质水平的判断标准予以制定和明确,对各个年龄群体的体质情况进行监测与管理,其中包括对学生体质健康监控平台的构建及推动该平台的顺利运行。

构建学生体质健康监控平台,有利于对学生体质数据进行信息化监控与管理,促进数据共享。随着互联网技术的不断发展,在大数据技术这一坚强后盾的支持下,有关部门大力挖掘学生体质信息的价值,对学生体质健康展开了信息化与全面化管理,并根据学生的体质健康情况展开体育教学改革,对学校体育的发展和学生的健康成长起到了重要的影响。

为了进一步明确学生体质健康监控平台的建设标准,促进监控平台的顺利运行,使学生体质信息更具实用价值,使监控平台的作用得到最大程度的发挥,有关部门要参照《国家学生体质健康标准》,将学生体质健康监控平台的构建、运行、维护及优化完善等一系列工作认真做好,从

而依托学生体质健康监控平台而提升学生体质健康管理效果。

(一)监控平台创建思路

在建立学生体质健康监控平台时,要落实将工作标准和技术手段有机结合的标准,在将监控平台建设质量作为首要考虑因素的同时,力求将平台建设的周期缩短,节约经费,与时俱进,有所创新。在监控平台的创建过程中,要采用最优化的建设方案,将先进技术应用其中,为后续平台的运作和开展具体监控工作提供科学引导。

在学生体质健康监控平台的建立过程中,技术人员作为建设主体,要大力整合相关数据资源,如对国家学生体质测试数据信息和学校体质测评的数据信息等的整合,前者要从相关部门获取,后者要从学校获取,通过整合,将完整的学生体质健康信息数据体系建立起来。

在整合相关数据的基础上,还需要做好技术资源的整合,将信息筛选、信息分析、信息对比等技术资源充分整合,为学生体质健康监控平台的建立提供技术支持与基础保障。

在整合数据和资源之后,技术人员要重点考虑学生体质健康监控平台的结构与内容,优化平台内部网络构架,促进平台中重要数据信息的交互,使监控平台的运作效率、服务能力都得到充分提升,最终通过有效监控而促进学生体质健康水平的提高。

(二)监控系统数据共享

采用先进的技术手段,促进健康数据信息在不同场景下的共享,这是构建学生体质健康监控平台的一个重要意义。为了实现数据共享,在建设体质健康监控平台的过程中,技术人员要全力设置好平台的数据共享框架,从国家学生体质健康标准的有关要求出发,对有关学生体质健康的信息类别进行合理划分,明确平台中的信息存储容量、信息体量、交互方式,并选择最佳信息处理方式,完善体质健康监控平台的信息共享机制,科学合理地使用各项信息数据。

此外,采集学生体质健康信息的途径有多种,要做好采集路径的选择与优化工作,完善信息采集环节的具体工作事宜,提升有关人员对学生体质健康信息的获取能力。

（三）监控平台的维护

学生体质健康监控平台中拥有大量的数据信息，多样化的主体类型和前后密切关联的运行环节，因此构建学生体质健康监控平台还必须设置相关的系统维护单位，加强后台数据的整理与分析，由专业人员进行这方面的技术指导，运用相关公式来进行学生体质测试数据和健康状况的反馈，使监控平台高效运行。

在监控平台的运行中，有时会出现一些技术性问题，如因访问量激增而无法正常登录、平台被非法网站攻击以及学生电子信息被盗等，对于这些问题，必须加强对平台的维护与安全管理，切实解决上述问题，打造监控平台的安全模块，使监控平台自身的防护能力得到增强，严禁泄露学生信息，防止数据丢失。

在学生体质健康监控平台的维护中，要加强对防火墙机制的建立与完善，使用完备的防火墙技术来有效识别师生或其他技术人员、工作人员访问体质健康监控平台的行为，回绝无访问权限的请求，这样既保障了平台的安全，也使平台运行更高效、实用。

第二节　学生体质健康预警机制的建立

一、学生体质健康预警模型

在开展学生体质测试的基础上，依据《2014 版本标准》等级的评定标准，客观、系统地评价学生体质测试成绩，判断学生体质健康水平的“升降”情况，并以体质水平下降的幅度为依据进行相应级别的预警警示。学生体质健康预警的操作程序直接反映在学生体质健康预警流程图或预警模型中，“体质测试→体质评价→健康预警→信息反馈→健康干预→体质测试（监测）”的循环模式为预警模型的设计提供了思路。一般流程为，先进行体质测试，然后分析测试数据，再以等级划分为依据，将不同测试成绩的学生纳入不同系统，根据系统标准做出预警提示。

学生体质健康预警包括下列两种类型。

(一)学生个体体质健康预警

学生个体体质健康预警操作的程序直接体现于学生个体体质健康预警模型中,如图 3-1 所示。

该模型的设计为学生了解自身体质健康信息提供了便利。向师生、学校有关部门反馈学生体质健康的预警信息,多方面采取有效方式对学生实施健康干预和健康监督,促进学生个体体质健康状况的改善。

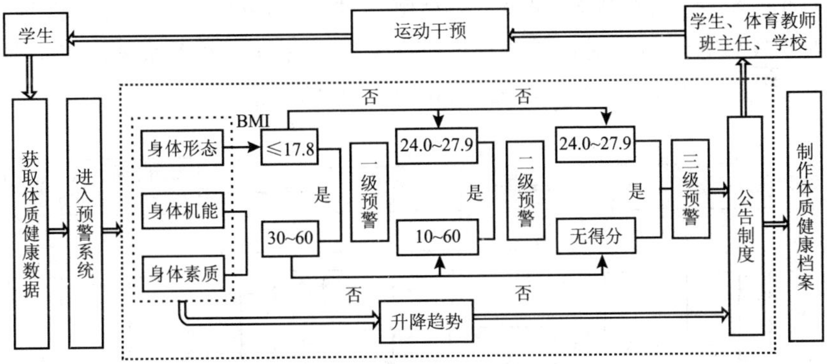

图 3-1　学生个体体质健康预警模型①

(二)学生群体体质健康预警

学生群体体质健康预警模型如图 3-2 所示,群体健康预警以学校为单位,也包括学校教学班、行政班。在学生体质健康群体预警模型中,主要考查群体体质测试的达标率(是否达到《2014 版标准》要求),然后根据成绩进行“升降”预警。

在群体预警指标的评价中,所参照的最后得分是学生各项指标得分相加之和。

① 林振华,林宇,万文博. 大学生体质健康预警机制构建研究[J]. 辽宁体育科技,2018,40(06):79-85.

二、学生体质健康三级预警机制的建立

(一)体质健康非均衡性警示

人的身体机能是一个整体,这个整体中不同结构的分工及适应性是不同的,这反映了人体形态或功能发展的非均衡性。人体体质的非均衡性是非常普遍的,人的身体机能之间、身体素质之间以及机能与素质之间相互影响、相互制约,如爆发力影响速度,耐力反映人的心肺功能等。非均衡性警示就是通过了解身体机能发展的相互制约关系来改善个体体质,促进身体机能的均衡发展和机能水平的提高。①

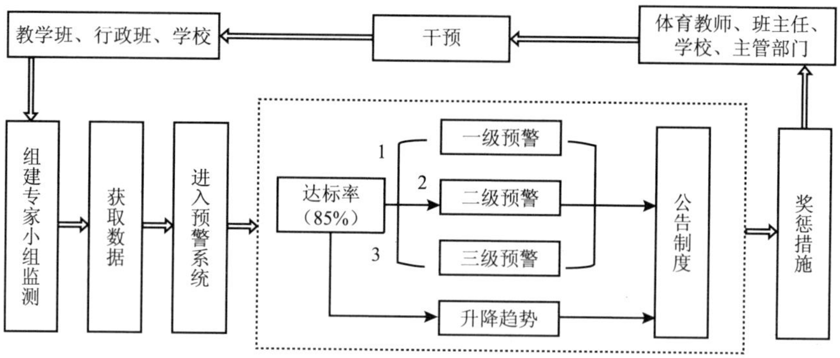

图 3-2　学生群体体质健康预警模型②

在学生体质健康评价中,要科学建立和分析预警指标及参数,即使学生体质测试成绩及格,但如果机体发展不均衡,比如有些体质健康指标明显低于正常标准范围,也要在体质健康评价中进行预警警示,引起学生注意。

① 朱奥．长株潭地区大学生体质健康现状与预警机制的构建研究[D]．湖南科技大学,2014.

② 林振华,林宇,万文博．大学生体质健康预警机制构建研究[J]．辽宁体育科技,2018,40(06):79-85.

(二)体质健康弱化趋势警示

根据“用进废退”的原理,人体经常使用的器官会不断发展强大,而使用较少的器官会逐渐老化。现代社会科技发达,经济发展迅猛,人们的脑力活动明显多于体力活动,这是造成人们运动能力下降的一个重要原因。而且因为人们生活节奏快、工作压力大、闲暇时间少,所以体育锻炼的时间得不到保证,这又进一步影响了人体健康,导致体质健康水平下降。当某一身体机能有下降趋势,测试结果低于标准范围时,要及时干预,否则体质会越来越弱。

学生体质健康状况不乐观的一个重要表现就是身体机能下降,对此,应及时对不及格的测试指标及需要改进的健康测试信息进行标识预警(二级预警),警示学生科学锻炼。

(三)心肺功能警示

在学生体质健康测试中,如果台阶指数(男 1 000 米、女生 800 米)和肺活量体重指数两项指标都低于预警参数的界值,则发出“心肺功能两项低值”标示预警(一级预警)。

第一,台阶指数、肺活量体重指数是反映学生体质健康状况的两个重要指标。若这两项指标测试不及格,说明学生体质健康问题比较严重,需要尽快改善。

第二,如果学生的心肺两项指标测试都不达标,不仅要进行预警,还要分析原因,加强指导。真正将学生体质测评与体质健康干预联系起来,从行动上落实管理,这体现了预警与监控相结合的原则。

第三,警示学生潜在的健康风险。有些学生虽然体质测试成绩达标,没有疾病症状,但在较大运动负荷下或兴奋状态下可能有潜在风险。有的学生在军训、体育课中晕厥,原因之一是在应激状态和较大身体负荷下很容易诱发潜在风险,而一旦出现潜在风险,就会造成严重的身体健康问题。心肺功能差的学生在大负荷运动中面临的健康风险更大,潜在风险的发生概率也高于其他学生。因此要特别重视对“潜在健康风险”的预警,预防可能存在的健康风险。

三、学生体质健康预警机制建立的要点

（一）以学校为核心机构

在学生体质健康预警机制的构建中，要以学校为核心机构，主要原因是学生每天大部分时间都在学校中度过的，学校掌握了学生体质健康信息的第一手资料，在学生体质健康监控与管理中发挥着重要作用。

作为学生体质健康预警的第一组织，学校将统计学生体质测试数据作为预警工作的基础，学校对学生体质健康测试的有关内容与所有标准数据都应该有充分的掌握，从而在测试评价中有所参照、便于比对，对学生的体质健康情况有更加真实、全面的了解，若学生群体体质健康数据出现异常，学校应及时向有关部门上报情况，启动预警机制，针对异常问题展开全面调查、深入分析和有效调整。

（二）以家庭为辅助机构

家庭也是学生体质健康预警机制中的重要一环，如果说学校发挥的是主体作用的话，家庭发挥的则是辅助作用。家庭作为学生体质健康监控与预警的辅助机构，应从以下几方面来发挥自己的作用。

首先，家长转变观念，摒弃“唯成绩论”的传统观念，不能只关注孩子的学习成绩，一味给子女施加压力，而应该多激励、多肯定，将目光放在孩子的身心健康和综合素质培养上，理性对待学习成绩。

其次，家长要为孩子提供良好的营养条件，确保孩子营养均衡、全面，在饮食中注意合理搭配。经济困难家庭可向社区和政府申请补助，避免因孩子营养不良而出现健康问题。

最后，应积极发展家庭体育，营造良好的家庭体育氛围，家长给孩子树立榜样和典范，和孩子一起参与体育活动，通过运动干预来改善学生体质，增进学生健康。

（三）动员社会力量

构建学生体质健康预警机制，要将全社会力量充分利用起来，向社

会筹集资金,争取赞助,减轻学校和政府的财政压力。在学生体质健康预警平台建设中,社会力量的作用一是转变观念,关注学生健康,二是提供为平台建设提供资金和舆论支持。

1. 转变观念

社会转变观念,主要转变的是一味强调学生学业成绩和学历水平的传统观念。关注学生的学习成绩并没错,但对待学生的成绩缺乏理性和理智的态度,过分强调学习成绩,不重视学生的健康和综合素质的发展,这显然就有问题了。因此,社会各方面要积极转变观念,在关注学生学习的同时,对学生的健康给予重视,并将促进学生健康、提升国民体质作为一种社会责任,使学生在全社会的关注与监督下不断改善体质。

2. 提供支持

社会力量要为学生体质健康预警机制的建立提供舆论支持,社会企业可适当提供资金支持,这样不仅可以解决平台建设中的资金问题,减轻政府压力,还能提升企业形象和影响力。

(四)引导学生关注自身健康

信息反馈的形式有很多,信息反馈效果与反馈形式有关,反馈形式不同,反馈效果也会有区别。例如,气象灾害预警信号大体包括四个等级,不同等级代表的灾害程度不同,即蓝色——一般、黄色—较重、橙色—严重以及红色—特别严重。人们根据预警信号判断灾害的严重性,从而对气象灾害持有不同的关注度。在学生体质健康评价中有四个等级的评价结果,分别是优秀、良好、及格和不及格。这几个等级所反映的学生体质状况比较抽象,因此难以引起学生对自身体质状况的强烈关注。如果学生都不关注自身体质健康的情况,那么更谈不上去改善了,从而导致体质测试成绩不断下滑,形成“恶性循环”。为了引起学生对自身健康状况的关注,应该在体质健康预警机制的建设中采取新的体质健康评价方式。

第一,对学生的单项体质指标进行测试,综合分析学生整体体质健康状况,并在评价中进行等级划分,采用“三级预警”的方式使学生对自身体质水平有清晰的认识。

第二，为了对学生近几年的体质测试结果进行对比分析，可采用“升降预警”方式，使学生了解自身体质变化特点和趋势。

第三，参照气象灾害预警方式，用不同颜色代表不同预警等级，对应不同程度的健康不良状况，如用黄色、橙色、红色三种颜色代表三级预警（表 3-1），在学生体测数据中用不同颜色标注预警项目，激发学生关注自己的健康状况。三级预警在《2014 版标准》等级评价的基础上更加具体化，突出强调对重点弱项指标的关注，使学生根据预警提示主动解决自己突出的健康问题。

表 3-1　体质测试指标预警级别①

类型	指标	预警级别	警示
身体形态	BMI 指数	三级	低体重，营养不良（黄）
		二级	超重（橙）
		一级	肥胖，营养过剩（红）
身体机能	肺活量	三级	心肺功能较差（黄）
		二级	心肺功能很差（橙）
		一级	心肺功能非常差（红）
身体素质	50 米跑 立定跳远 引体向上（男） 仰卧起坐（女） 1 000 米跑（男） 800 米跑（女） 坐位体前屈（女）	三级	身体素质较差（黄）
		二级	身体素质很差（橙）
		一级	身体素质非常差（红）

① 苏文涛．构建学生体质健康测试与预警平台的相关分析[J]．湖北科技学院学报，2017，37(06)：83-86+90.

第三节 学生体能锻炼的安全与卫生管理

一、学生体能锻炼的安全管理

(一)运动疲劳的消除

学生在体能锻炼中持续一定时间的运动后,身体功能下降,运动能力减退,这些暂时性的现象预示着运动性疲劳的形成。在体能锻炼中出现疲劳症状就是一种预警信号,学生此时要降低运动负荷,保护机体健康。如果疲劳严重,就要停止体能锻炼,避免造成过度疲劳。

需要注意的是,不要在刚出现疲劳症状时就立刻停止体能锻炼或减少运动量,如果身体允许,应坚持锻炼,因为体能锻炼中出现疲劳感是很正常的,只有这样才会有效果,没有任何疲劳感的体能锻炼是达不到良好效果的。

学生在体能锻炼中出现机体疲劳症状,主要是因为机体在运动状态下能量大量消耗,机体供能系统释放能量不及时,使运动需要得不到满足,在持续的运动中,机体需氧量增加,能量消耗速度加快,而且来不及排泄机体代谢产物,从而造成疲劳的积累。

学生在体能锻炼结束后,要及时消除运动疲劳,防止疲劳长期积累,影响身心健康和体能锻炼的顺利进行。下面介绍几种适合学生的运动疲劳消除方法。

1. 膳食合理

在体能锻炼结束后,学生要注意通过合理饮食来消除疲劳,这也是促进学生抗疲劳能力提升的重要方法之一。体能锻炼后的膳食安排中,要补充足够的能量物质,包括脂肪、蛋白质和糖。此外,矿物质、维生素和水分的补充也必不可少。多补充有营养、易消化的食物,尤其是碱性食物,多吃新鲜蔬果。如果长时间进行高强度的体能锻炼,锻炼结束后为尽快消除疲劳，需要适当补充糖水。

2. 生活方式健康

学生的生活方式是否健康，也直接影响疲劳的消除效果。学生要合理地安排作息，如不抽烟、喝酒，不熬夜，不过度使用电子产品，早睡早起，睡眠充足且质量高，作息合理，饮食卫生，劳逸结合，心情舒畅，这样不仅能够消除机体疲劳，还能消除心理疲劳。

3. 积极休息

对于由神经系统紧张引起的疲劳，比较适合采用积极休息的方式来缓解与消除的效果。积极性休息主要有听音乐、散步、静坐、自我暗示等常见方式。

4. 物理疗法

在体能锻炼结束后采用恰当的物理疗法有助于促进机体新陈代谢和血液循环，消除体内的疲劳物质。下面简单介绍几种消除运动疲劳的常见物理疗法。

(1)按摩

擦摩、推摩、按压、揉控、运拉、抖动和叩打等按摩手法能够有效消除疲劳，在实践中常常将几种不同的手法结合起来使用。

(2)热敷

用48℃左右的水局部热敷，热水袋、毛巾均可。这是消除局部疲劳的有效手段。

(3)温水浴

采用温水浴的方式消除疲劳时，水温以42℃左右为宜，每天1～2次，不能超过两次，否则容易起到反作用。

(二)运动损伤的预防与处理

科学的体能锻炼能够有效增强体质，提升身体素质水平，增进健康。但如果体能锻炼不科学、不合理，就容易发生运动损伤，如果不及时处理损伤，则会造成身心健康问题，影响日常生活。学生在体能锻炼中高度重视安全问题，提高警惕，做好准备工作，提高预防意识，便能有效预防运动损伤的发生。鉴于有些运动损伤的发生率高，所以学生不仅要清楚如何预防运动损伤，还要掌握常见运动损伤的现场处理方式，从而有效控制损伤的恶化，降低伤害程度。

下面主要分析运动损伤的预防和常见运动损伤的处理方式。

1. 运动损伤的预防

(1)学生要提高预防运动损伤的意识，不能盲目练习，对不熟悉的动作要警惕尝试。要量力而行、循序渐进地锻炼，不可冒进和急于求成。

(2)在体能锻炼中要做好热身准备，动员身体内脏器官和神经系统，使身体保持良好的协调性，促进肌肉温度的提升和关节韧带伸展性与灵活性的增加，以满足运动所需。要注意结合锻炼内容而做一些专门的准备活动，将基础热身与专门准备结合起来。

(3)在体能锻炼中尽量将每个动作做到位，准确把握各个动作的要点，避免技术错误。

(4)对运动量和运动时间要合理安排，身体各部位的锻炼要平衡，重点部位可适当加大锻炼强度，但要防止局部负荷过大。

(5)特殊体质学生要慎重选用体能锻炼方法，如有伤病的学生、残疾学生等，必须选择适合自己的、安全有效的、对改善自身体质有利的体能锻炼内容与方法，练习强度和难度都可以适当降低，预防运动损伤的发生，否则一旦发生运动损伤，就是“雪上加霜”。

2. 常见运动损伤的处理

(1)擦伤

学生在体能锻炼中，不当的外力摩擦会导致皮肤擦伤，表现为组织液渗出皮肤表面或表皮出血。对于这一常见的运动损伤，可采用以下方法进行紧急处理。

①若伤口面积不大、深度浅，则先冲洗，再消毒，用清水或生理盐水都可冲洗，消毒后将紫药水涂在伤口处。

②若创口有异物，则要清理异物后再进行消毒处理，然后将消炎粉撒在伤口处，最后包扎。

(2)撕裂伤

学生在体能锻炼中，面部、额部比较容易发生皮肤撕裂伤，简易处理方法如下。

①对于较小的伤口，先止血、后消毒，再用有黏合作用的粘膏。

②对于较大的伤口，先缝合，然后将抗生素用于伤口的处理。

(3)急性腰扭伤

体能锻炼中出现急性腰扭伤，主要与热身准备不足、注意力分散、肌肉力量差、肌肉过于放松、动作不到位等原因有关。发生急性腰扭伤后，立即停止锻炼，休息几天，在接下来的康复过程中尽量在硬板床上睡觉。这一运动损伤的处理方法如下。

身体成俯卧姿势，手臂置于身体两侧并伸直，先轻推、轻揉腰部，并叩打、按压伤部，当感到压痛部位疼痛感减轻和肌肉放松后可采用腰部侧板法进行治疗。

腰部侧板法的操作方式为，身体成侧卧姿势，下面腿完全伸直，上面腿屈膝前屈；施救者双手按压伤者上方肩部与臀部，两手均衡用力做反方向运动，使腰部呈最大幅度扭转。片刻后，伤者站起来转动腰部，同时按摩腰部，手法以叩打为主。

(4)踝关节扭伤

学生在体能锻炼中，常常因场地不平坦、准备不充分、疲劳状态下继续锻炼、肌肉力量差和动作不协调等原因而发生踝关节扭伤，针对这一急性运动损伤，可按以下方法来处理。

踝关节扭伤后立即冷敷伤处，越及时越好，注意不要用手在伤处揉搓。冷敷时用冰袋、冰块均可，时间为半小时左右。如果是用冷毛巾冷敷，那么两三分钟就要换一次毛巾，或者直接用流动的冷水淋患处、将受伤部位放到装冷水的工具中。

在踝关节扭伤 24 小时后，用热水袋热敷伤处，每次半小时左右，每天两次，注意热水温度适宜，温度不可过高，否则会将皮肤烫伤，但也不能太低，否则达不到效果。

二、学生体能锻炼的卫生管理

(一)定期体检

学校要定期组织学生进行体检，检查学生的体格发展情况，对学生的身体发育情况、健康现状有及时的了解，从而便于体育教师根据体检结果为不同健康水平的学生制定相应的体能锻炼处方，对体能锻炼的内容、方法和运动负荷做出合理安排。此外，通过体检可以发现学生的健康问题，为学生制定运动康复处方，使学生通过体能锻炼改善体质，解决健康问题，提升健康水平。

（二）锻炼前、锻炼后做好准备活动和整理活动

学生在正式进行体能锻炼之前要做好充分的热身准备活动，以提高机体代谢水平，提升体温，促进机体器官系统机能水平的提高，使有关中枢保持协调稳定的状态，并使神经系统进入适宜的兴奋状态，为正式的体能锻炼做好准备、打好基础。注意准备活动的运动量不宜过大，运动强度不宜过高，以免过早出现机体疲劳而影响正式的体能锻炼。一般热身活动做 10 分钟左右，直至身体活动开、稍出汗即可。

在体能锻炼结束后要做必要的整理活动，使机体从运动时的紧张状态过渡到静态活动或积极性休息中，目的是将身心疲劳尽早消除，促进身体机能恢复正常水平，促进心理机能的调整。

（三）饭后不宜剧烈运动

有些学生常常刚吃完饭便去打球或从事一些剧烈运动，这不符合体育卫生要求。饭后胃肠开始了紧张的工作，毛细血管开放，大量血液流入消化器官。此时若进行剧烈的体能锻炼活动，会使大量血液从胃肠流入骨骼肌，影响消化机能。长此以往，轻则引起消化不良，重则发生胃炎、胃溃疡等消化道慢性疾病。此外，饭后胃内积累了大量食物，进行剧烈锻炼时，由于食物的重力和运动的颠簸作用，会牵拉肠胃等消化器官，容易引起腹痛或呕吐等。因此学生应当避免饭后立即进行剧烈锻炼。

（四）衣着卫生

学生进行体能锻炼时，也要注意衣着卫生，如服装大小适宜，符合运动要求，衣料透气性强，容易吸收汗液；夏季室外锻炼时，穿浅色运动服，头戴遮阳帽；冬季锻炼时注意保暖。运动衣裤要勤换洗，以免汗污染影响机体健康。

锻炼时穿大小合适、轻便有弹性、透气性好的运动鞋，不要穿硬底鞋锻炼。另外，选择干净柔软、透气性好、吸汗性强的袜子。

第四节 学生体能锻炼的营养管理

一、营养与健康

营养是机体通过摄取食物，经过体内消化、吸收和代谢，利用食物中对身体有益的物质作为构建机体组织器官、满足生理功能和体力活动需要的过程。

人类在生命活动过程中需要不断从外界摄取食物，从中获得生命活动所需的营养物质，在营养学上将这些营养物质称为营养素。人类所需的营养素有蛋白质、脂类、碳水化合物、矿物质、维生素、水和膳食纤维。①

营养素在体内主要提供生活、劳动和组织细胞功能所需的能量；提供人体的“建筑材料”，用以构成和修补身体组织；提供调节物质，调节机体的生理功能。

营养与健康的关系可以从下列三个方面展开分析。

(一)合理营养与健康

学生的生长发育是以营养为物质基础的，在改善学生体质、促进学生健康的诸多影响因素中，营养是不可或缺的重要因素之一。学生补充营养，不仅要使机体正常生长发育的能量需要得到满足，还要使在学习和生活中消耗的能量得到弥补。对于身心发育均处于旺盛时期的青少年学生来说，只有保证营养数量充足、质量优良，才能为身心健康发育奠定良好的物质基础，从而为提高学习效率、预防疾病打好基础。

① 刘建国，崔冬雪，范秦海．学生体能锻炼教程[M]．石家庄：河北教育出版社，2010.

（二）营养不良与健康

部分学生体格发育滞后、智力水平低下，与营养不良有直接的关系，这造成的结果是学生身体素质差，学习成绩下降，身体抵抗力弱，容易生病，患传染病的概率大于体格发育正常和优良的学生。

（三）营养过剩与健康

营养过剩与肥胖之间是因果关系，营养过剩是造成肥胖的主要原因之一。而学生若超重、肥胖，就容易发生疾病。肥胖的学生若不采取措施改善体质，减轻体重，成年后可能更加肥胖，而肥胖群体的发病率较高，尤其是慢性疾病。因此，学生必须合理饮食，对膳食热量合理控制，特别是对脂肪的摄入量一定要控制在合理范围内，根据机体发育的需要合理补充能量物质，不可盲目过量补充。

二、不同年龄阶段学生的能量需求

不同年龄段学生的生长发育情况是有差异的，不同的生长发育水平决定了各年龄段学生对能量的需求也是有差异的，因此在营养补充方面要因人而异，区别对待。但不管哪个阶段的学生，碳水化合物、蛋白质和脂肪三大能量来源的摄入比例是相似的，碳水化合物比例最大。

（一）小学生的营养需求

小学生处于儿童少年期，性格活泼，身体好动，会消耗较多的能量，再加上身体和智力的成长发育处于重要阶段，所以必须通过合理补充营养来满足成长的需求和机体活动的需要。由于男生比女生更好动，所以男生的能量摄入量比女生要多一些，男女生能量补充的这一差异会一直持续至青春期。

根据我国不同人群的能量推荐摄入量，小学男生和女生每日能量推荐摄入量分别为 1 700～2 400 千卡和 1 600～2 200 千卡。由于小学生处于身体快速生长发育的阶段，因此特别需要及时和充足的能量供应，如果供应不及时或供应量不足，会出现营养不良，进而引发各种体质健康问题。但如果盲目补充能量，导致营养过剩，也会造成肥胖和其他疾病。总之，小学生必须适量补充能量才能为健康成长和正常发育提供物质基础。

（二）中学生的营养需求

中学生的身体形态、身体机能、身体素质、心理以及智力等都处于生长发育的关键期，营养对这一学段的学生而言至关重要，这一时期的营养补充对学生成年后也会产生重要影响。所以必须结合中学生的生长发育特点、体质情况和未来发展需要来供应各种营养素，保证学生体内能量充足、优质，能满足各方面需要。

处于青春发育期的中学生，很多体能指标的发展都处于突增期和敏感期，因此对能量的需求进一步增加，学校和家长必须对中学生的日常膳食进行合理安排，保证每日能量充足，并对过度节食、减肥和暴饮暴食的学生进行健康教育，防止学生营养不足或营养过剩。

根据我国不同人群的能量推荐摄入量，中学男生和女生每日能量推荐摄入量分别为 2 400～2 900 千卡和 2 200～2 400 千卡。

（三）大学生的营养需求

大学生处于青春发育成熟期，不管是体能，还是心理和智力，发育都趋于成熟，大学生的生活以上课、自习和“轻体力活动”为主，大学生参加的体育活动越来越丰富，因此大学生的日常营养补充除了要接近成人，满足机体发展之需，还要适当增加能量物质的补充量，以满足参加各种体育活动的需要。

根据我国不同人群的能量推荐摄入量，大学男生和女生每日能量推荐摄入量分别为 2 400～2 700 千卡和 2 100～2 300 千卡。

三、学生体能锻炼的营养保障

（一）平衡膳食

平衡膳食是指膳食中所含营养素种类齐全、数量充足、比例适当，膳食中供给的营养素与机体的需要保持平衡。平衡膳食既保证了热能的需要，又兼顾了各种营养素搭配的合理性。膳食平衡是保证健康的基础，如果膳食不平衡，便无法满足学生参与体能锻炼的需要。

（二）依据体能锻炼项目补充营养

体能锻炼的项目、内容较多，不同项目的热能需求不同，因而营养补充也有区别，见表 3-2。

表 3-2 不同体能锻炼项目的营养需求量示例①

项目类型	每日热能需求量	每日食物摄入总量
基础力量类	4 000～4 200 千卡	1 200～1 300 克
速度力量类	3 600～4 000 千卡	1 100～1 200 克
一般耐力类	4 400～4 600 千卡	1 300～1 400 克

（三）严格遵守饮食制度要求

学生参与体能锻炼的过程中承受的生理负荷较大，无论是机体能量还是心理能量都有较大的消耗。因此在体能锻炼阶段必须补充比平日更多的能量和食物量。学生体能锻炼阶段的饮食制度要求如下。

第一，饮食营养全面，适当增加水、维生素、矿物质和纤维素的摄入量，合理搭配动物性食物和植物性食物。

第二，体能锻炼后选择能够补充热能的食物，以弥补机体消耗的能量，消除疲劳，促进体能尽快恢复。

第三，体能锻炼阶段要有针对性地安排饮食，根据学生的不同练习内容和运动负荷状况安排饮食。

① 王佳，沈阳，陆永华．基于健身目的的体能训练理论与方法[M]．长春：吉林大学出版社，2011.

第四章　学生体质水平提高与训练的科学理论指导

无论是竞技运动训练、大众健身，还是青少年学生的体育锻炼，要想提高体质水平，在很大程度上依赖于日复一日的运动训练，只有坚持长期的训练，体质水平才能得以提升。而运动训练不是盲目进行的，需要一定的理论基础作指导，本章就重点阐述运动生理学、运动心理学和运动训练学等理论，以为学生参加体育运动锻炼提供良好的指导。

第一节　运动生理学理论指导

运动生理学主要以正常人体为研究对象，研究人体对运动的反应和适应。关于运动生理学的研究，历来在体育理论研究中就是一个热点。本节重点阐述运动生理学的基本理论，以帮助广大学生了解和熟悉运动生理学的基本理论与价值。

一、物质代谢

物质代谢是人体新陈代谢的重要部分，主要包括糖类代谢、脂肪代谢和蛋白质代谢几个部分。

(一)糖类代谢

1. 糖类在体内的作用

糖是人体能量的主要来源,在某些条件下,糖还可转化为脂肪和蛋白质。人体日常消耗的能量70%来自糖类。糖原、葡萄糖是人体内最常见、最重要的糖类。糖通过食物进入人体被充分吸收后,一部分以血糖的形式存在,作为糖类的运输形式,另一部分则进入到肝脏、肌肉中,以肝糖原、肌糖原的形式存在,作为糖类的贮存形式。血糖、肝糖原、肌糖原在体液的调节下,维持着动态平衡,这就是糖类对人体的重要作用。

2. 糖类在体内的代谢途径

糖类通常作为能量的供应者,在体内被分解消耗。其代谢途径主要有以下两种。

(1)糖酵解。这一种代谢方式不需要耗氧,糖在体内的组织细胞中分解为乳酸,并释放出能量。通过糖酵解这种途径释放的能量较少,但是速度较快。通常,每分子葡萄糖分解生成2分子乳酸,最终转化为2分了的ATP(三磷酸腺苷)。

(2)有氧氧化。这一种代谢方式是机体供能的主要形式,葡萄糖在有氧条件下进行彻底分解,最终生成二氧化碳和水。有氧氧化过程释放的能量较多,每分子葡萄糖完全分解所产生的能量是糖酵解的19倍。

(二)脂肪代谢

人体内的脂类物质大部分以脂肪的形式存在于皮下、各组织、器官中,人体内部的脂肪约占体重的10%~20%。脂肪不仅是人体能量的供给者,还是组成细胞的重要成分。脂肪在人体内发挥着极为重要的作用,例如,可以维持体温、防止能量丢失等。除此之外,脂肪在一定条件下能够氧化成为二氧化碳和水,并在此过程中释放出大量的能量。在长时间的运动锻炼中,脂肪氧化供能的比例会逐渐加大。坚持长期的体育锻炼,人体代谢水平也会随之提升,体质也就能得到增强。

(三)蛋白质代谢

蛋白质对人体发展也具有十分重要的作用,它不仅能够帮助有机体建造、修补再生组织,而且与有机体内部生理机能、代谢过程密切相关。与糖和脂肪不同,蛋白质不能在体内贮存,所以人们需要每天从食物中摄入蛋白质,以满足机体运动的需要,缺少了蛋白质,人体运动就会受限,不利于日常生活和运动训练的顺利进行。

通常情况下,蛋白质不作为人体的能量来源,为机体供能,但是在长期饥饿、疲劳的情况下,有机体能够通过蛋白质氧化为机体提供必要的能量。

蛋白质的代谢过程主要分为分解与合成两个方面。由于蛋白质中的主要成分是氨基酸,所以蛋白质的代谢过程以氨基酸代谢为基础。许多激素参与到蛋白质的代谢过程中,如肾上腺素、甲状腺素、生长激素等。在蛋白质代谢过程中,生长激素含量的增加有助于蛋白质的合成,加快了蛋白质合成的速度,使肌肉变得健壮。作为学生而言,在参加运动锻炼期间一定要注意蛋白质的补充,平时的膳食一般就能摄取充足的蛋白质,运动锻炼期间可以多食用一些富含蛋白质的食物。

二、能量代谢

能量代谢属于新陈代谢的另一个方面,它与物质代谢之间有着密切的联系,对于人体新陈代谢的进行起着至关重要的作用。

(一)能量的来源与消耗

人体的能量主要来源于食物,食物经过人体内的消化、代谢和吸收,将能量以化学能的方式贮存在糖、脂肪和蛋白质中。而人体的能源消耗主要有三部分,它们是维持机体生理功能的基础代谢、食物的生热效应和运动生热效应。一般情况下,机体主要由糖和脂肪供能,蛋白质几乎不参与供能。机体的能量消耗主要体现在肌肉活动、情绪、食物的热效应以及环境温度等,但是其中以肌肉活动的代谢最明显,运动强度越大代谢率越高。

学生参加高强度的运动锻炼时通常会消耗大量的能量,这时就需要及时的补充，否则就会影响运动锻炼的顺利进行。

（二）能量系统

人体有三个基本的能量系统，它们分别是磷酸原系统、糖酵解系统和有氧氧化系统。这几个能量系统对于人体运动具有十分重要的作用。

1. 磷酸原系统

磷酸原系统是指由三磷酸腺苷（ATP）和磷酸肌酸构成的能量系统。它的特点是反应迅速、供能速度极快，但是容量低，持续时间短，无需氧不产生乳酸。因此磷酸原系统是一切高功率、短时运动的供能系统。

2. 糖酵解系统

在人体运动强度较大的情况下，糖酵解系统就会发挥至关重要的作用。如果运动强度很大且持续时间超过 10 秒，磷酸原系统已经不能满足机体的能量需要，此时需要糖酵解提供能量来合成三磷酸腺苷。糖酵解系统的供能特点是供能量比磷酸原系统多，输出功率略低，持续时间略长，无需氧但产生乳酸，因此也被称为乳酸能系统（LA）。即在供养不足时该系统仍然可以快速提供能量以应急需。在篮球运动中加速、冲刺等所需的能量，都是由磷酸原系统和糖酵解系统提供。进行专门的无氧训练可以一定程度地提高糖酵解系统的供能能力。

需要注意的是，乳酸在血液中可以被缓冲物质缓冲，但是如果乳酸产生的量超过机体的缓冲能力，就会限制糖酵解，从而导致运动疲劳感的出现。

3. 有氧氧化系统

有氧氧化系统是三个能量系统中最复杂的供能体系，是指糖、脂肪和蛋白质在细胞里氧化成水和二氧化碳之后，再合成三磷酸腺苷的能量系统。有氧氧化系统的能量输出是逐步进行的，因此功率较低，大约仅为糖酵解系统的 50%。但是供能时间可以持续很久。

综上所述，三个能量系统之间在工作中并没有明显的界限，其运作是依据肌肉活动过程中对能量的需求状态而相互配合和补充，形成一个连续的统一体，保证能量供给的灵活性和持续性。人体能量系统中的这几个部分相互联系、相互促进，对人体运动及发展起着十分关键的作用。

（三）能量代谢在运动中的应用

人体的供能能力决定着人体的运动能力，因此在具体的体育运动锻炼中，应该结合能量连续统一体理论进行实践，做到科学地参加运动锻炼。

1. 重点发展主要作用的供能系统

根据能量连续统一体理论，篮球项目的主要供能系统是磷酸原系统和糖酵解系统，占比在85%左右。因此可重点发展锻炼这两个能量系统。

2. 制定相应的运动训练计划

确定了人体应重点发展的供能系统之后，可以制定和选择最有效的训练方法和手段。一般来说，提升人体体质，增强磷酸原系统和糖酵解系统的训练方法主要有以下几种。

(1)加速快速跑。在40～100米中逐渐加速至全速跑。

(2)穴形快速跑。在两次疾跑之间加一段慢跑或者走路。

(3)快速跑。全速跑，并重复进行。每次疾跑之后要等身体完全恢复再进行第二次快速跑。

对于学生而言，可以适当降低运动要求，降低运动强度，长期参与运动锻炼就会有效地提升自身体质水平。

三、呼吸与运动

人体的新陈代谢过程伴随着呼吸过程，即机体从外界摄取氧气，呼出二氧化碳。这种人体与环境之间的气体交换称为呼吸。呼吸与运动能力之间有着极为密切的关系。

(一)肺通气及其作用

肺通气是指肺脏与环境进行气体交换的过程,而呼吸肌是实现肺通气的原动力。呼吸肌通过收缩和舒张促使胸廓产生节律性地扩大和缩小,肺脏和胸廓在外力作用下,如果容易扩张代表顺应性大,否则代表顺应性小。一般而言,运动员的肺脏和胸廓的顺应性要大于普通人。人体在进行剧烈运动时,肌肉组织代谢增强则耗氧量也随时增加,血氧饱和度降到极低,这将非常有助于运动者在剧烈运动时增加氧气的供应。

(二)呼吸对人体运动的反应

人体在运动过程中,各个组织器官的代谢过程中肺通气量增加。通常情况下,肺通气量的快速增长期和快递下降期是经由神经调节的,如果机体参与的是最大强度的运动,肺通气量的增加不会出现稳定状态,而是增加至衰竭为止。机体在运动过程中,伴随着二氧化碳的不断累积,机体的局部温度逐步升高,这使得氧和血红蛋白解离加强,肌肉对氧的利用率则提高为平时的三倍左右。

(三)呼吸对人体运动的适应

对于那些坚持参加运动锻炼的人而言,他们的呼吸系统功能都比较强大,呼吸系统功能的提高主要是提高最大通气量以及组织换气的效率。经研究发现,经常进行体育运动锻炼的人,其肺容积的各成分都比不经常运动锻炼的人要大很多,同时对肺通气量的大小也有着重要的影响。

学生坚持参加运动锻炼,可以有效增加呼吸肌的力量,吸气和呼气的能力都会得到提高,因此运动员的肺活量就比一般人高,能承受的最大负荷也比一般人高。也就是说,掌握了呼吸的生理知识,可以帮助学生有意识地加强运动锻炼,提高呼吸效率,这对于完成高强度的运动锻炼具有十分重要的作用。

四、肌肉活动

人体的肌肉主要分为骨骼肌、平滑肌和心肌三类。心肌掌管着心脏的泵血活动。平滑肌主要掌管其余各内脏器官的活动。人体的骨骼肌有数百块，通过收缩和舒张产生力量和长度的变化，实现人体各种运动活动。我们这里所指的肌肉主要是指骨骼肌。

(一)肌肉类型与运动能力

肌肉像其他器官一样由几种不同的组织组成，其中最主要的是肌纤维，肌纤维占肌肉的90%以上，肌肉的收缩功能，主要通过肌纤来实现。

依据收缩速度的标准来划分，肌纤维主要分为慢肌纤维和快肌纤维两种。快肌纤维又分三个亚类：快a纤维、快b纤维和快c纤维。一般情况下，人类肌肉主要由一种慢肌纤维和两种快肌纤维组成。人体在运动的过程中，肌纤维是以运动单位为基本单位被募集而参加运动的，这种募集是机体选择的结果。以当前的研究，能部分解释募集机制的运作原则为：慢运动单位先被募集，随着运动力量的增加，快运动单位被募集。也就是说，在任何特定的时间里，肌纤维都只有一部分被募集，这是肌纤维的工作机制，同时也是机体的一种自我保护机制，以防止肌腱和肌肉损伤。学生参加运动锻炼需要了解和掌握以上基本知识。

(二)肌肉力量与运动能力

根据运动生理学的基本理论，肌肉力量是肌肉收缩对抗阻力并完成动作的能力，它是实现各种运动和提高运动技能的基础，肌肉力量影响着速度、协调性和灵敏性。无论哪一类专项运动，都需要肌肉力量训练。学生要想不断提升自身的体质水平，加强肌肉力量的锻炼是十分必要的。

1. 肌肉力量的分类

按照肌肉力量的表现形式，肌肉力量可分为最大肌肉力量、爆发力和力量耐力。最大肌肉力量是指肌肉收缩能克服的最大阻力；爆发力是指肌肉快速发力的能力，即力和发力速度的乘积；耐力是肌肉长时间持续对抗阻力的能力。

2. 力量训练的方法

对于有条件的学生而言，每周可以参加4～6次的力量训练。在做力量训练时，可通过控制重复次数和最大负荷百分比两个参数，来分别侧重发展肌肉力量、爆发力、耐力和增肌等不同的训练目的。不同的训练目的选择不同的组数，一般一次力量训练选择3～6组练习即可，学生可以根据自身的具体实际合理地调整。

3．力量训练的注意事项

（1）在进行力量训练前的准备、放松活动与正式训练同样重要。在正式训练之前和结束之后，要进行10分钟左右的拉伸和放松活动。很多运动损伤都是因为运动前没有充分热身造成的。

（2）要均衡训练，即每次都要做对称的和相应的力量练习。比如，想要提高大腿力量，也要充分训练股后肌群，这样做的目的是避免出现额外的运动损伤。

（3）训练要规律进行，包括规律的饮食和作息。另外，在休息日也应该做一定的投篮练习，基本功不能间断。

五、人体生理机能的调节

在复杂的环境条件下，人体通过较为完善的调节机制能实现各部分功能的协调配合。对于人体而言，其生理机能的调节主要包括以下方面。

（一）神经调节

神经调节通过神经系统的活动有效调节着机体的各项功能，它具有迅速、准确等显著特点，在人体整个调节系统中发挥着重要的作用，

人体的神经调节主要通过反射活动实现，反射指个体在中枢神经系统的控制下对刺激做出的规律性反应。反射弧是有机体实现反射活动的结构基础，反射弧包括感受器、传入神经、中枢、传出神经和效应器五个环节。外界各种刺激信号通过感受器转换为神经电信号，沿传入神经到达中枢，中枢对神经电信号进行处理并转化为具体的电信号指令，指令经传出神经到达效应器，效应器按照指令做出相应的反射动作。手指触碰到火时快速缩回就是一种最常见、最简单的反射活动。

（二）体液调节

体液调节通过体液中化学物质之间复杂的相互作用实现对机体功能的调节。体液调节主要指激素参与的调节，体液调节的主要方式为内分泌腺或内分泌细胞分泌大量的激素，激素通过血液被运输到不同的器官、部位，开始发挥作用，进行调节活动。相较于神经调节，体液调节需要的时间较长，但调节的范围更广。除了激素参与的调节外，利用某些细胞产生的化学物质或代谢产物（如二氧化碳等）可以实现局部体液调节。人体中，许多内分泌腺会受到中枢神经系统的控制，因此，体液调节是神经调节的一个重要方面，无论是专业运动员还是普通的运动爱好者都要认识到这一点。

（三）自身调节

自身调节是指组织细胞依靠自身对刺激的适应性反应进行的调节，此种调节方式具有调节幅度小、灵敏度低的特点。例如，骨骼肌就通常采用自身调节这种方式，若骨骼肌的初始长度较长，其产生的收缩力就较大。除此之外，脑血流量、肾血流量等也都属于自身调节的方式，这一方式对于人体刺激的适应具有重要的作用。

（四）整体调控

依据控制论基本观念，人体主要依靠开环式的非自动控制系统、闭环式的自动控制系统两种方式实现功能的整体调控。下面就简单阐述这两种系统的基本概念与机制。

1. 非自动控制系统

调控信息只能在单一方向上实现反射活动，信息从感受器传到中枢再传到效应器，而效应器接收的信息不能反作用于中枢。这种调控方式并不常见，中枢因无法得知效应器对指令的完成情况，因而无法对效应器做进一步的调控。

2. 自动控制系统

与非自动控制系统相比，自动控制系统因其具有灵巧、精确、自动化的显著优势，成了最普遍的整体调控方式。在此调控方式中，效应器虽然属于受控系统，但其中也包含感受装置，能够将状态信息（即反馈信息）反传给中枢控制系统进行处理。例如，人体在运动过程中，大脑运动中枢向骨骼肌发出指令，骨骼肌在执行指令的同时，把肌肉活动情况反馈给脑中枢，从而使骨骼肌的调节更加精准有效。反馈机制在调节系统中广泛存在，不仅存在于神经调节中，还存在于体液调节和自身调节中。反馈分为正反馈、负反馈两种。正反馈加强原有效应，使某种生理过程加速完成，而负反馈则能有效维持人与内外环境的协调统一，对于人体的发展都起到非常重要的作用。

第二节　运动心理学理论指导

一、运动心理学概述

（一）运动心理学的概念

运动心理学是研究个体在体育运动中的心理活动特点和规律的心理学学科，属于一门综合学科。在当今的运动训练中，这一门学科得到了非常广泛的应用。美国学者考克斯（Cox，2007）认为，运动心理学是研究心理和情绪因素对运动和锻炼表现的影响，并研究参加运动与锻炼所产生的心理和情绪效益。运动心理学发展快速，并且为竞技体育的发展提供了良好的保障。

（二）运动心理学的任务

运动心理学的任务主要体现在以下几个方面。

（1）运动心理学主要研究个体在从事体育运动时，其心理过程的特点和规律，以及个性差异与体育运动的关系。

（2）运动心理学还研究体育活动对人的心理过程、个性特点会产生哪些短期和长期的影响。

(3)运动心理学研究掌握运动知识、形成运动技能以及进行技能训练的心理学规律。

(4)运动心理学还研究在比赛过程中运动员的心理状态。如运动员在参加比赛时,需要具备什么样的心理条件更有利于取得比赛的胜利。

(三)运动心理学的发展

1. 国际运动心理学发展回顾

1897年,美国印第安纳大学的诺曼·特里普里特(Norman Triplett,1861—1931)在《美国心理学杂志》发表了一篇论文,被认为是最早的对于运动心理学的研究。

"美国运动心理学之父"科尔曼·罗伯茨·格里菲斯(Coleman Roberts Griffith,1893—1966),1923年在美国伊利诺伊大学开设了世界上第一门运动心理学课程。两年后,他建立了世界上第一个运动心理学实验室,主要研究运动技能学习、运动技能操作和体育运动中的个性问题。这一心理学实验室在当时具有一定的先进性,并影响了后世的研究。

发展到20世纪20、30年代,运动心理学在苏联也开始逐步发展起来。苏联中央体育学院的心理学教研组和列宁格勒体育学院心理学教研组共同研究了训练过程中技能形成的特点,以及体育运动对发展记忆、注意、知觉等方面的影响,这一研究成为当时的一个热点话题。

在德国,波斯在1927年出版了《运动心理学》,舒尔清于1929年出版了《体育心理学》,以及梅格尔曼出版了《篮球和运动员的人格类型》。这些都对运动心理学的发展起到重要作用。

发展到20世纪40年代,许多运动技能学习实验室相继建立,专家们对运动员运动行为的研究更加深入和具体。

进入21世纪后,运动心理学理论逐渐形成完善的体系,在运动员运动训练中发挥着极为重要的作用。

2. 中国运动心理学发展

1926年,我国体育教育家马约翰撰写了名为《体育的迁移价值》的论文,被认为是中国现代运动心理学的代表。

1942年,全国武术和体育研究院的吴文忠、肖忠国编译了我国第一部《体育心理学》。

1979 年,中国心理学会体育运动心理专业委员会成立。运动员心理测量是心理选材和心理训练的第一步,而运动员的选材又是训练的起点。

进入 21 世纪后,伴随着竞技体育运动的不断发展,优秀运动员的心理训练水平也逐步发展和提高。其中涉及的主要问题有动机、自信、情绪、注意和人际关系等。还有,为了对运动员做赛前的心理准备和赛中的心理调节,经常采用的方法有认知调节、生理调节和环境调节等。大量的实践表明,这些心理学方法对于运动员心理状态的调节都起到了非常重要的作用,运动心理学在运动训练中的地位变得越来越重要。

二、认知心理学

认知心理学属于运动心理学研究的重要内容,它主要是研究人类高级的心理活动,如人的认知、注意、知觉、记忆、思维等内容。下面重点介绍人的认知与心理。

(一)个体的认知

知觉指的是确定人们接受刺激之后,依赖来自自身和外界的信息,形成知识。人的认知活动是认知要素相互发生作用的一系列活动的整体。在不同年龄,认知也不尽相同,他们大体分为四个阶段:0～2 岁为感知运动阶段,通过吮吸、抚摸等实现认知活动。认知是通过感官的即刻经验获得的;2～7 岁称为前运演阶段,是通过身体的运动和知觉经验完成认知活动;7～11 岁称为具体运演阶段,个体依据具体的形象进行思考,但这一阶段还不能完全脱离具体经验;11～15 岁为形式运演阶段,个体的认知活动可以不局限于具体的经验,而可以通过逻辑和规则进行思考,也就是具有了抽象思维。对于参加运动锻炼的学生而言,在运动锻炼中,要培养自己的抽象思维能力,利用各种心理学理论指导运动锻炼,如此自己的认知水平才能得以有效提升。

(二)认知与情绪

大量的研究与实践表明,认知与情绪之间有着非常密切的关系。一般来说，人的情绪可分为积极情绪和消极情绪两种。认知心理学的研究结果显示，积极情绪提高注意灵活性，消极情绪则减损了灵活性。特别是篮球运动，情绪是影响篮球运动员决策的重要因素。在积极情绪作用下，运动员进行决策的速度较快，正确率也较高。而当运动员处于消极情绪时，决策速度相对较慢，正确率也有所下降。关于情绪、认知和行为决策，目前存在两种观点。一种观点认为情绪和认知相互作用共同影响决策行为。另一种认为在情绪、认知和行为之间，情绪的作用为内隐性质，它可以直接影响运动员的各种运动行为。

根据认知与情绪的基本理论，在学生参加运动锻炼的过程中，教师应引导学生建立积极的情绪，要帮助学生学会管理情绪，努力杜绝各种负面情绪。

1. 情绪的概念

情绪作为一个常见的心理学名词，指人体一系列的主观认知经验，通常具有一定的外部表现，反映了个体愿望与个体需要。

2. 情绪的成分

美国著名心理学家伊扎德将情绪划分为情绪体验、生理唤醒、行为表现三个层面，三个层面共同构成了一个较为完整的情绪过程。

(1)情绪体验

情绪体验可以说是一种主观感受，在平时的生活中，一个人的情绪体验是处在不断的变化之中的，受周围环境的影响，在性质和强度上存在差异。

在性质方面，情绪包括简单的情绪体验(如快乐、痛苦等)和复杂的情绪体验(如悲喜交加、苦中作乐等)。

在强度方面，性质不同的各种情绪在不同的时间范围内表现出不同的强度。例如，喜这一情绪，根据强度的不同，可以从适意、愉快到欢乐、狂喜；怒，可以从轻微不满到生气再到暴怒等。随着情绪强度的逐步增加，个人也更加容易卷入到情绪之中，无法自拔。与此同时，当一件事物对人越发重要，情绪体验就越发强烈。如对于饱食者而言，饥饿者更能对食物产生强烈的体验。

(2)生理唤醒

生理唤醒是指人在情绪状态中体验到的外周生理器官和组织的一系列变化。其变化过程由自主神经系统来调控。在情绪的刺激下,自主神经系统激活了有机体各器官、组织的活动,使有机体产生了一系列的生理反应。自主神经系统由交感和副交感神经系统构成,二者相互作用,共同调控着内脏器官、外部腺体和内分泌腺的活动。有机体在情绪状态下的生理反应可以通过各种生理记录仪加以记录与观察,成为衡量个体情绪的客观指标,常见的指标有心率、血糖等。如今,这些指标在运动训练中都得到了非常广泛的利用。

(3)行为表现

行为表现指反映个体情绪的外部行为,通常体现为面部表情。表情是情绪的语言,人们常常用微笑表现愉快的心情,用哭表现伤心的心情。然而,每个人会有个人较为独特、稳定的情绪动作模式,此模式是人们相互之间理解对方情绪的重要方式。表情通常包括面部表情、姿态表情、声调表情。人们可以通过这几种表情来鉴别不同的情绪。

3. 运动中的情绪

(1)唤醒

唤醒直接反映了有机体内部器官和组织的生理激活水平。通常情况下,人体在一天内的生理唤醒水平有显著变化,夜间生理唤醒水平较低,白天随着人体兴奋性的提高,唤醒水平也缓慢提升。除此之外,相关研究结果表明,人的生理醒唤水平与体温变化呈现高度正相关,表现出一定的周期性、节律性特征。

唤醒包括生理唤醒和心理唤醒两个方面,伴随着运动训练的发展,人们开始重视唤醒的心理因素、认知因素。心理上的唤醒实际上是一种“心理能量”,是有机体普遍的生理、心理激活状态,体现了心理功能的强度。

心理唤醒与生理唤醒之间有着极为密切的联系,生理唤醒是心理唤醒的基础,心理唤醒与个体的生理变化、物质能量代谢有关,而心理唤醒水平则受生理、认知、情绪等多种因素的影响。

(2)焦虑

焦虑这一情绪在人们平时的生活中也是较为常见的,当出现这一情绪时，通常表现为担忧、紧张、不安。焦虑伴随着明显的生理变化，例如，肾上腺素浓度增加、血压升高、呼吸频率加快、皮肤苍白等等。由此可见，焦虑作为一种消极的情绪状态，与身体唤醒水平的提高有着非常密切的关系。

①焦虑可以分为客观性焦虑、神经症性焦虑两种。客观性焦虑与害怕同义，是人们对真实危险的正常反应，神经症性焦虑则处在人们的潜意识中，通常表现为意识上的矛盾。

②焦虑分为正常焦虑、异常焦虑两种。通常，人们都有过焦虑体验，当人们在日常生活中觉察到某种潜在的威胁时，人脑中与焦虑相关的“程序”就会“启动”，帮助人们采取有效措施，避开危险。因此，焦虑通常是可以理解、具有积极意义的，这种焦虑被称之为“正常焦虑”。然而，有些人在特定情境中体验到了“不合理”或“过分”的焦虑。人们找不出焦虑的具体原因，个人的情绪体验与现实状况不符，且焦虑的强度过大、持续时间过长。这种焦虑被称之为“异常焦虑”。异常焦虑是一种较为复杂的情绪状态，需要通过一定的手段引导人们重新进入正常心理状态。

③焦虑主要分为状态焦虑、特质焦虑两种。状态焦虑是一种暂时性的焦虑，通常由特定的情境触发，在心理上表现为忧虑、恐慌，并在生理、行为上有相应表现。特质焦虑则是一种人格上的焦虑倾向，高特质焦虑的个体容易将不存在危险的情境看作是威胁情境，做出过高的状态焦虑反应。

④特殊情境下的焦虑可以分为竞赛特质焦虑、竞赛状态焦虑两种。竞赛特质焦虑指运动员将几乎所有的竞赛情境知觉为威胁，并做出高度的紧张反应。竞赛状态焦虑指运动员将某一具体的竞赛情境知觉为威胁，处在较为严重的焦虑状态之中。状态焦虑通常由认知焦虑、躯体焦虑两方面构成。认知焦虑表现为对个体行为的消极关注、紧张、担忧等一系列负面情绪。躯体焦虑则主要通过心率加快、呼吸频率加快等身体症状加以表现。运动员在赛前表现出来的竞赛状态焦虑被称作赛前状态焦虑，这一焦虑状态会严重影响到运动员比赛中正常水平的发挥，因此一定要做好心理疏导，引导运动员的心理状态向着正确的方向发展。

三、动力心理学

动力心理学理论认为机制是驱动力得以实现的外部条件，驱动力则是机制的内部条件，二者之间是可以相互转化的，正是二者的推动，人们才产生了各种行为和活动。

（一）动机的概念

动机是指推动个体进行活动的心理动因和内部动力，它能引起并维持个体的活动并且指向一定的目标。运动动机是推动运动员参与体育运动的内部动力。对于学生而言，参加运动锻炼的主要动机则在于增强体质和游戏娱乐。

（二）动机分类

依据不同的划分标准，可将动机分为以下种类。对于运动员而言，其参加运动训练和比赛都要建立正确的动机，普通的运动爱好者也同样如此。

1. 生物性动机和社会性动机

生物性动机和社会性动机有着明显的区别，生物性动机是指以有机体自身的生物学需要，如饥饿、睡眠等生理需求而产生的动机。社会性动机是指以个体的社会性需要为基础，如情感、成就、尊重等需要而产生的动机。这两种动机都是人们参加各种社会活动的主要动机。

2. 内部动机和外部动机

依据人的心理动因划分，动机可分为内部动机和外部动机两种。内部动机是指来自个体内部需要的内部动机，如归属感、自我实现等心理需要；外部动机则是指来自外部环境的刺激和诱发，例如获胜后的奖金、名誉等。这两种动机在运动员中较为常见。如果能充分利用好都能取得理想的效果。

一般情况下，内部动机的推动力往往要大于外部动机，持续时间也相对较长。但以内部动机主导的运动员缺少强烈的成为冠军的雄心。他们更享受运动过程中获得的自我提升和掌控感。而外部动机对运动员的推动力较小，维持的时间也较短，他们对运动成绩或运动目标有着强烈的追求，希望得到社会的认可和赞扬。对于学生而言，应该同时培养内部动机和外部动机，这样才能培养学生良好的意志品质，促进其全面发展。

3. 直接动机和间接动机

直接动机是指以兴趣爱好为出发点、更多的指向活动过程的动机。比如学生对某项体育运动的热爱，享受运动中的快感。间接动机以间接兴趣为基础，更多的指向活动结果。如学生为了掌握某个技术动作，反复不断地练习。运动者要想实现预期的目标就需要将直接动机和间接动机结合起来，发挥二者的优势。

（三）动机的培养与激发

在平时的教学与训练中，体育教师要注意时刻培养和激发学生学习的动机，以实现预期的目标。

1. 满足乐趣的需求

学生参加体育运动或锻炼的主要目的在于健身和娱乐，满足乐趣就成为他们的心理需求。因此，体育教师要培养和保护学生的这种兴趣，让学生产生更加强烈的内部动机。可以通过不断地变换教学手段或方法来激发学生参与体育锻炼的兴趣，以提高教学质量。

2. 胜任感的需求

在体育教学过程中，参与者还有着强烈的胜任感需求。作为一名合格的体育教师，应该花精力设计安排训练或者比赛，让每一名学生都有成功的体验，对自己的技术水平有积极自信的认知。对于自尊心屡屡受挫的学生，教练应给予额外的关注，以免打击他们的自信心。

3. 归属感的需求

人们生活在社会上，都需要获得良好的归属感，这是每一个人的内心需求。对于学生而言，他们渴望成为运动集体的重要一员，这将极大地满足他们的归属感。作为体育教师，应该努力增强凝聚力，确保每一名学生感到自己是团队重要的一员，这样才能获得较强的归属感，朝着同一目标努力。

4. 自主需求发展

个性化发展是众多年轻人的追求，对于青少年学生而言也是如此。教师可以在时机成熟的时候，适当地给予他们自主权，让他们自己掌控训练和学习计划，设定目标和完成效果。有研究表明，否定个人控制自己生活的权利会损伤他们的内部动机，而给予一定的自主权，鼓励个体个人发展，会让他们获得满足感和自信心，因此在平时的教学过程中，体育教师要注意培养学生的个性和自主能力。

四、群体心理学

群体心理学是运动心理学中的一个重要内容，如团队凝聚力、信任、团队效能等都属于群体心理学。下面重点研究与分析这几个心理学问题在体育教学中的应用。

（一）团体凝聚力

1. 团体凝聚力的概念

团体凝聚力是指团队成员在目标、情感和行为上的整合的力量。比如，团队凝聚力能让学生为了实现共同的目标而努力“战斗”，在学校运动会上取得优异的比赛成绩。

2. 团体凝聚力的分类

团体凝聚力主要分为任务凝聚力和社交凝聚力两个部分。

(1)任务凝聚力是指团体成员团结一致，为了同一个目标共同努力的程度。

(2)社交凝聚力是指团体成员之间彼此欣赏、相互认同，愿意成为团队的一员的程度。

3. 团队凝聚力在团队中的作用

(1)团队凝聚力是一个团队取得胜利、获得预期目标的重要保证。设想一个各行其事、互相拆台的团队,是难以获得比赛胜利的。

(2)团队凝聚力是运动水平正常发挥的重要前提。团队的凝聚力越强代表向心力越强,那么个体的力量能得到更好的整合,也因此能获得正常的团队水平。

(3)团队凝聚力是提高团队工作效率的重要因素。团队的协作需要机体的密切配合和默契协作,如此才能有效提高工作效率。

(4)团队凝聚力能为团体提供充分的内在动力,增强团队成员的自信与荣誉感。

(二)信任

1. 信任的分类

在体育运动中,运动成绩的获得需要每一名队员的密切合作。因此,信任问题在团体项目中就显得尤为重要。关于团队水平的信任研究一般分为两种,一种是指团队内一个成员对其他成员的信任。以足球运动为例,就是球员对教练或者其他球员的能力和善意的预期,或者教练对于球员的能力、善意等的预期和判断。另一种是指团队成员对团队整体的信任。是指球员或者教练对球队组织的信任和支持,相信彼此会做出公正而不会损害个人利益的行为。在学校体育教学中,也理应如此。

2. 如何加强球员之间的信任

信任是一个团队的核心要素,是彼此合作的重要基础。加强团队的信任可从以下几个方面着手。

(1)目标要明确。团队是以目标为导向的,对于一个学生集体而言,一切工作都是围绕着明确而具体的教学目标进行的。

(2)组织要有保障。合理的教学组织对于教学成绩的取得具有重要的作用。只有在公平完善的制度下,学生才能感到自己得到尊重和公正地对待,才会自觉遵守制度,这才是团队良好发展的保障。

(3)沟通要有效。在具体的教学比赛中,师生之间、学生之间要加强彼此的沟通与交流。可以说,有效沟通是球队成员之间信任、协作和共同达成目标的必要前提。在平时的教学、训练或比赛中,一定要注意这一方面的问题。

(三)团队效能

1. 团队效能的概念

团队的效能是指由一组相互依赖的个体构成的有边界的系统,对一起完成特定任务的能力的共同信念。在体育教学中,体育教师要十分重视团队的力量,只有发挥集体的力量才能实现既定的目标。

2. 提高团队效能的方法

团队效能是衡量一个团队发展状态、发展水平和竞技成绩的重要标准。对于一个团队而言,一般可通过以下三个方面提高团队效能:第一,教练员技战术素养及执教能力;第二,球员之间合作满意度和球队凝聚力的程度的提高;第三,球队比赛成绩的提高。对于学生而言,在具体的教学中也可以采纳这一团队效能的做法。

第三节　运动训练学理论指导

一、运动训练学的创立与发展

运动训练出现的时间还是比较早的,最早出现于古代奥运会时期。那个时期的奥运会,只有连续训练 10 个月以上并且在伊利斯接受 1 个月专门训练的运动员才有资格参加奥运会比赛。但是,由于缺乏文字记录,我们无法知悉这些古代运动员具体的运动训练内容,以及训练方法。

伴随着时代的发展,运动训练学的理论逐渐形成和发展。现代奥运会诞生于1896年，距今已有100多年的历史，并越来越受到世界人民的欢迎与关注，比赛的规模、影响力也不断扩大，已经成为一项重大的社会活动，其发展速度令人震惊。与此同时，运动训练科学理论也不断向前发展，形成了较为完善的运动训练学理论体系。

总体而言，近代运动训练可以被划分为以下两个具体的阶段。

（一）模仿学习阶段

在运动训练刚出现的时期，由于一直缺乏科学的理论依据，主要依靠运动员的个人经验或模仿优秀运动员的技术动作开展日常的学习与训练活动。在这一阶段，大多数运动员采取延长训练时间的方式获取技术的进步、成绩的提升，常常集中地参与高强度的比赛与训练，主要的问题是缺乏科学性与合理性。特别是在对技术、体能要求较高的田径项目、水上运动项目上，教练员与运动员并不了解这些项目的具体特点，训练较为盲目，缺乏科学性。

伴随着社会经济的不断发展，竞技体育也得以发展，以美国（包括英国）为首的西方国家开始研究与探索科学运动训练，这时候出现了真正意义上的运动训练。在一些运动项目中，训练指导者开始注重合理安排运动时间，经过实践的检验，初步认为一天内安排两次训练会有较好的训练效果。一些运动领域的教练、专家、学者开始分析运动员自身的各项能力，根据运动员的个人特点、不同运动项目的具体特点组织更加系统的训练活动。

（二）过渡阶段

进入19世纪下半叶，近代运动训练迈入了科学训练过渡阶段。在这一阶段，运动训练出现了诸多成果。比如，医学、遗传学、生理学等领域的一系列发现极大地促进了运动训练的发展。1884年肌肉测量器问世，19世纪90年代在心脏机能和血液循环方向上有了全新的发现，20世纪初血况测验、心血管效能测定等一系列方法问世，医学界、生理学界在短短一个世纪取得了辉煌的成果，并开始进入运动训练研究领域，影响着运动训练的发展。与此同时，心理学家也对运动训练中运动员的心理状态、心理变化产生了浓厚的兴趣，提醒教练员在开始安排训练计划时，充分考虑运动员的心理特点。另外，高尔登遗传研究中关于人的特性可以测定的结论、巴甫洛夫的条件反射学说、比内和西蒙关于联想与记忆的理论、技巧运动测定法则等问世，都为研究运动训练过程打下了理论基础。[①]

伴随着现代竞技体育的发展，不同运动训练项目都出现了专项训练理论。其中，田径运动作为竞技体育的大项目，需要运动员进行跑、跳、投等多项训练，专项训练理论在田径项目中得到了充分的肯定与广泛的运用，并逐渐推广其他运动项目中，各专项训练充分吸收运动生理学、运动解剖学、体育教育学、运动心理学等学科理论知识的指导，逐渐建立起较为系统的一般训练理论。

据统计，最早出现的运动训练学专著是1913年在美国出版的《体育训练》，苏联学者在1922年编写的《科学训练原理》一书也是早期比较引人注目的研究成果。

1962年在莫斯科举办了一场“社会主义国家运动训练问题国际科学方法讨论会”，会上讨论了大量与运动训练有关的研究内容，在现代运动训练体系、运动训练远景规划、运动训练的分期问题、运动训练方法的研究等诸多方面均取得了一定的研究成果，初步构建起运动训练学理论的框架。在会上，还强调了运动训练学与其他学科（包括生理学、生物化学、心理训练等）之间的联系，为运动训练学理论的建立奠定了坚实的基础。

前民主德国莱比锡大学在1964年采用的《训练学》函授教材，标志着系统训练学理论的形成。随后，西德、中国等各个国家陆续出版了许多与训练理论有关的著作，对著作的内在逻辑、科学性、系统性的要求逐步提升。

1983年中国开始着手建立运动训练学理论体系。经过长期的研究与发展，近些年来，我国运动训练学的研究也取得了重大的突破。与运动训练基本理论相关的研究性专著越来越多，研究成果不断更新并开始体现出中国特色。现阶段，运动员选材理论、项群训练理论、博弈理论等训练学理论都获得了快速的发展。

① 曹青军．运动训练理论与实践[M]．北京：北京理工大学出版社，2010．

二、运动训练学理论体系

运动训练学理论体系的建立和形成主要是引入与借鉴了多种学科知识，发展至今形成了一个较为完善的运动训练学理论体系。我们可以从以下几个维度来认识与理解运动训练学理论体系。

(1)在横向维度上，运动训练学理论体系包括五个方面的内容，即训练内容、训练负荷等。

(2)在纵向维度上，运动训练学理论体系被划分为三个基本层次，即一般训练学层次（对所有运动项目普遍适用的理论）、项群训练学层次（对部分运动项目适用的理论）、专项训练学层次（适用于一个运动专项的理论）。在运动训练学理论体系的这三个层次中，项群训练学尤为重要，地位尤为突出。

运动员运动成绩的获得不仅与运动训练之间有着极为密切的关系，还受到多种因素的影响，例如，心理因素、环境因素等。运动训练学理论也引入了多种学科的知识，例如，人体运动科学知识、人文社会科学知识等，呈现出运动训练学的综合性、应用性特征，正因如此，运动训练学才得以不断发展。

三、运动训练学的理论思想

（一）一元训练理论

"一元训练"理论认为"技术"和"体能"两者具有相同的本质，在现实训练中不能分离。动作技术与体能的发展是同步进行的，动作技术中不能缺乏体能内容，体能的发展也离不开动作技术形式的变化。一元训练理论的主要观点如下。

(1)生命体以一种有序的状态存在，在运动训练中，人体处于一种相对复杂的信息网络之中，在与环境接触的过程中，不断改变条件因素，使其向着更加有序的方向发展，从而提升个人的整体运动能力与运动成绩。在运动训练中，人体的有序状态分为两大层次：基本生命运动层次、运动能力运动层次。这两个层次可以形成有效循环。

(2)运动训练需要激发有机体的内部矛盾,使有机体向特定方向、朝特定目标发展。

(3)在训练方法中,专项训练至关重要,要作为其中的重要内容加强训练。

(4)运动员的运动成绩、运动能力呈波浪式变化,运动训练应遵循这种"体力波"变化的规律。

(二)二元训练理论

二元训练理论的出现主要是受哲学思想的影响,我国的训练理论注重条理性、思维性。现阶段,我国主要的运动训练理论思想为二元训练理论。二元训练理论源自于苏联的运动分期理论,这种理论建立在"体能"和"技能"的基础上。

二元训练理论强调"先一般训练,后专项训练"的固定模式。一般训练不强调专项竞赛的效能,通常指非专项的身体训练手段、运动技术。

"体能"(身体素质)与"技能"(动作技术)是运动能力的两大元素,所有的运动项目都需要包含这两大元素。此理论体系通过对概念的逐级分解,形成了一个较为庞大的结构。传统体育运动训练理论在构建训练周期、安排训练内容方面,需要将"体能"和"技能"两大主题巧妙连接起来,如此运动员的运动成绩和竞技水平才能得以有效地提升。

(三)互补理论

很长一段时间以来,一元训练理论与二元训练理论之间一直存在纷争。我国在两种不同理论思想的指导下,均培养出了许多奥运会冠军、顶级运动员。相比来说,二元训练理论似乎更有优势,训练方法更有针对性。

然而,任何一种理论都存在一定的缺陷,需要在实践过程中不断检验理论的正确性,使理论不断完善和发展,不断向前进化。

在这种背景下,我国许多学者提出了"互补理论",旨在从不同的侧面理解事物的本质。互补理论主要体现在以下方面。

1. 学术互补

在我国运动训练界,二元训练理论长期占据着主导地位,导致一些体育工作者缺乏辩证思维和现实思考，盲目遵循二元训练理论中的原则安排日常训练活动。一元训练理论的提出有利于平衡与杜绝这种现象，意义重大。

二元训练理论不断吸收一元训练理论的精华，实现了自我更新与完善，一些过时的指导思想和理念因不适应时代的发展和高层次的训练实践被先进的理论所取代，实现了学术上的互补。与此同时，不断补充了现代训练思想和方法，形成了更加客观、实用的训练体系。

2. 训练思路互补

一元训练理论强调整体思维，将人看作是一个完整的系统，采用整体思维、全局观点考察运动项目，提倡进行全面的专项训练，快速提升运动成绩，充分发挥运动员的主动性、创造性。

二元训练理论则强调先分解后综合，从分解的角度实施整个训练计划。训练被划分为体能训练、技术训练、战术训练等多个具体的训练项目，极大地丰富了训练方法，为运动员的全面发展打下了良好的基础。

互补理论充分吸收了两种训练理念的优点，实现了训练思路的互补。

3. 不同训练阶段的互补

在训练初级阶段，二元训练理论中的超量恢复理论和周期理论很好地指导着训练活动，解决了训练过程中的各种问题。

运动员在成长的过程中受到各种因素的影响。在运动训练的高级阶段，运动员的竞技水平、各器官的功能水平都达到了比较高的程度，接近个人的生理极限。运动员能力发展的空间变少了，机体损伤的问题日渐突出，因此，对训练手段、训练负荷的科学性、合理性提出了更高的要求。于是，二元训练理论的一些思想不能够解决一些普遍存在的现象、问题，不利于运动员更好地投入到训练活动之中。另外，比赛赛制发展快速，经常采取的周期训练模式也有些不适应现实的变化。周期训练理论忽视了运动员之间的个体差异，对于运动员竞技水平的提高产生了一定的影响。

在周期训练理论的影响下，我国在高水平运动员的培养方面缺乏正确的训练思路。在整个训练过程中低强度与一般训练占据了较长的训练时间，机体得不到良好的机能储备。与此同时，没有充分重视与利用有效的专项训练手段，导致机体的专项能力下降，许多优秀运动员的成绩难以得到进一步提高，无法达到世界一流水平。

总之，一元训练理论为二元训练理论提供了某些思路与启发，原有的“周期训练理论”逐渐演变为“单元训练理论”，这对于运动训练实践的探索与发展起到了非常重要的作用。伴随着体育运动的发展，多种思想和理论的融合，逐渐形成了优势互补效应，使得运动训练学不断向前发展。

第五章　学生体能训练的原理与方法指导

体能训练是学生塑造良好形态、改善身体机能、提升身体素质、增进健康和预防疾病的重要方法。体能训练应该具有目的性、计划性，学生应该在遵循科学训练原理、基本训练原则和要求的前提下采用一系列科学的方法和手段进行体能训练，利用科学原理与方法提高训练效果，达到增强体能和促进体质健康的目的。本章重点对学生体能训练的原理与方法指导展开研究，主要包括体能训练理论和体能训练的科学原理、基本原则以及常见方法等内容，通过研究为学生科学有效地进行体能训练提供重要指导。

第一节　体能训练概述

一、体能训练的概念

体能是一种综合能力，是人们在日常生活、学生工作、体育运动和适应自然环境中所表现出来的生物学和心理学的综合能力。学生的体能是学生体质与健康水平的具体体现，由学生的身体形态、身体机能、身体素质、心理素质和环境适应能力所构成，如图 5-1 所示。

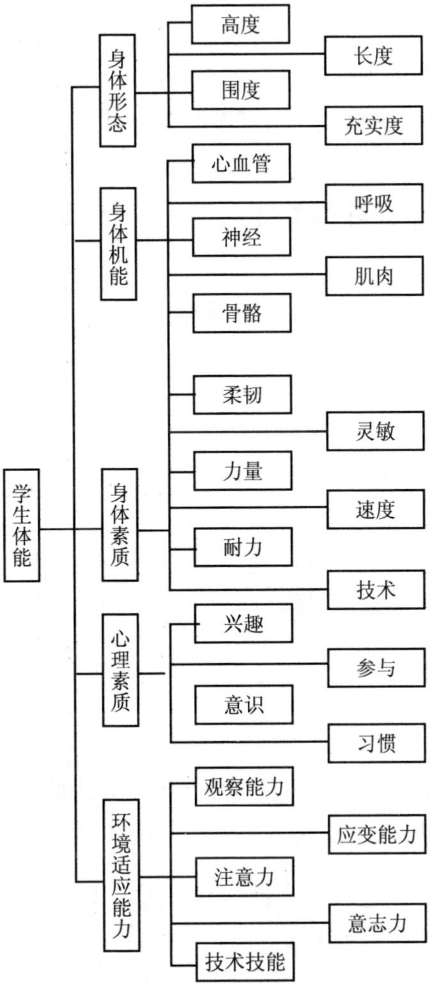

图 5-1　学生体能的构成①

体能训练是指通过专门的身体练习活动和运用教育学、训练学的方法和手段，修塑形体、提高机能水平和运动素质水平，增强体质健康，从而提高人们的生活质量、学习工作效率以及运动水平的体育实践活动。②

① 刘建国，崔冬雪，范秦海．学生体能锻炼教程[M]．石家庄：河北教育出版社，2010.

② 陈佩杰，王人卫，胡琪琛，张春华．体适能评定理论与方法[M]．哈尔滨：黑龙江科学技术出版社，2005.

从竞技体育方面来说，体能训练是运动员运动训练的重要组成部分，是通过一般和专项身体训练，改造运动员身体结构与功能，提高运动员机体机能水平和专项运动素质水平的过程，从而为提高运动员的综合竞技能力及比赛成绩奠定坚实、深厚的基础。①

二、学生体能训练的重要作用

体能训练对学生而言具有以下重要作用。

（一）改善身体形态

1. 促进身高增长

虽然身高在很大程度上受到遗传因素的影响，但学生通过后天的体能训练可以有效增加身高。进行跳跃类的专项体能训练尤其能够达到这方面的良好效果。

2. 保持适宜体重

体能训练能够带来体重的变化，科学的体能训练能够使学生的体重在合理范围内变动，并增加瘦体重比例，使肌肉脂肪减少，促进肌肉工作效果的提高。

3. 强筋健骨、塑造形体美

对于男生来说，体格强壮表现为骨骼粗壮，骨关节结实而灵活，肌肉强壮有力。男生通过体能训练可以促进体格健壮。当前，很多女生不再盲目追求"骨感美"了，骨感美并不代表形体美，真正的形体美是身体各部位发育匀称、协调，线条清晰而优美，而科学的体能训练能够帮助女生达到拥有形体美的目标。

---

① 龙春生．体能训练法[M]．沈阳：辽宁大学出版社，2009.

(二)提高身体机能水平

体能训练对提高学生的身体机能水平具有重要意义。

1. 提高骨骼肌系统机能水平

人体活动的生物学基础来源于肌肉的收缩运动,这是由中枢神经系统支配的。肌肉中能源物质的含量、肌肉工作的协调性、肌纤维的质量及肌肉工作机制等决定了肌肉的力量、速度和耐力。通过体能训练能够使肌肉的工作机制得到改善,促进肌肉工作效率的提升。

2. 提高心血管系统机能水平

维持人类生命活动和人体运动的共同动力学基础是心血管系统的机能能力。通过体能训练能够促进心血管系统机能水平的有效提高,促进有氧工作能力和无氧工作能力的提高,从而使学生的学习持久力提升,学习效率提高,并使学生的长时间运动能力得到改善,同时对疲劳的缓解和体能的恢复也有重要意义。

3. 提高机能储备水平

不同个体的机能储备水平是有差异的,运动基础好、运动能力强的学生的机能储备水平要比缺乏运动的学生高。学生通过体能训练,能够有效促进机能储备水平、机体能量动用能力的提升,从而在体育锻炼中也能不断促进运动能力的提升。

(三)提高运动素质水平

学生参加体能训练的过程实际上就是促进各项身体素质协调、全面发展的过程。良好的身体运动能力是学生参与各种体育运动项目的基础条件。学生参与任何运动项目,学习专门的技术动作,都对体能有相应的要求。通过体能训练,全面加强力量、速度、耐力、柔韧、灵敏等身体素质的训练,综合提升运动素质水平,为获得专项技术和提高技术能力奠定基础。

学生通过体能训练,身体适应能力不断提高,能够应对各种技战术训练的要求，从而更好地掌握运动技战术，提升运动技能水平，同时也进一步促进健康。

五大身体素质之间是密切联系、相互作用、相辅相成的，在体能训练中要把握各大素质之间的内在联系，加强全面训练，促进身体素质能力的有效迁移，为发展健康体质和提升运动水平打好基础。

运动素质训练是体能训练的主要内容，也是体能训练的重难点。体育后备人才在体能训练中尤其要重视运动素质训练，将一般身体素质和专项身体素质训练结合起来，有效促进综合运动素质能力的提升。

（四）预防伤病

1. 预防损伤

人体器官的质量是参照器官的完好程度、工作强度以及耐用度等指标而衡量的。通过科学的身体训练，能够促进人体器官质量的改善，促进人体系统功能能力的提升，提升人体组织器官的适应力，预防人体器官受伤。比如，通过力量和柔韧训练，可以促进关节软组织力度、弹性和柔韧度的提升，促进软组织承受负荷的能力的提升，从而有效预防软组织受伤。可见体能训练也是学生预防运动损伤的有效方式。

2. 预防疾病

科学有效的体能锻炼使学生机体抵抗疾病的能力得到提升。学生长期坚持体能训练，能够更好地适应环境变化，抵抗各种身心压力，防止因不堪压力而导致疾病发生。

三、体能训练的要素

（一）体能训练的结构要素

根据体能的构成因素来看，体能训练要从身体形态、身体机能、身体素质、心理素质以及环境适应能力等几方面展开，其中身体形态、身体机能和身体素质的训练是体能训练的常规内容，包含三级结构要素，见表 5-1。

表 5-1　体能训练的三级结构要素①

第一级要素	第二级要素	第三级要素
身体形态	高度	身高
		坐高
		足弓高等
	长度	手长
		臂长
		腿长等
	围度	臂围
		胸围
		臀围等
	宽度	髋宽
		肩宽等
	充实度	体重
		皮质厚度等
身体机能	运动机能	肌肉
		骨骼
		关节等
	神经机能	传入神经
		传出神经
		神经突出等
	呼吸机能	肺通气
		气体运输
		气体交换等
	消化机能	物质消化吸收
		能量代谢

① 谭成清．体能训练[M]．长沙：湖南师范大学出版社，2012.

续表

第一级要素	第二级要素	第三级要素
身体机能	循环机能	体循环
		微循环
		肺循环
	内分泌机能	激素
		内分泌腺
		激素调节
	感觉机能	视觉
		听觉
		味觉
		本体感觉
	泌尿机能	肾小球滤过
		肾小管和集合管的重吸收等
运动素质	力量	快速力量
		最大力量
		力量耐力
	速度	位移速度
		动作速度
		反应速度
	耐力	有氧耐力
		无氧耐力
	柔韧	关节
		肌肉韧带伸展性等
	灵敏	反应时
		神经协调功能等

(二)体能训练的方法要素

体能训练方法丰富多样，不管哪种训练方法，都包含训练形式、训练时间、训练强度和运动负荷等因素，根据训练需要而合理安排这些要素，有助于充分发挥训练方法的重要作用，有效提升体能训练效果。下面对体能训练的四大方法要素进行分析。

1. 练习形式

在体能训练中，要以训练的专门性原则为依据而对专门的练习形式加以设计和选择。比如，在以增强心肺功能为目标的体能训练中，要选择一些专门促进心肺功能提高的练习形式；在以增强肌肉力量和增加肌肉耐力为目的的体能训练中，要采用专门的力量和耐力练习形式，如负重练习、持续训练、长距离训练等。

2. 练习时间

练习形式直接影响练习时间，练习时间也与练习目的有关。

以增强肌肉力量和耐力为目的的体能训练，练习时间与练习次数是正比的关系。对于一般体质的学生，需要重复 10 次左右，要求肌肉全力参与工作，从而促进肌肉力量和耐力的发展。对于体质较强的学生，增加两三组抗阻力练习，促进肌肉力量的进一步发展。

以改善关节柔韧性为目的的体能训练，要从训练内容出发安排练习时间。每周至少有一次训练是专门针对柔韧性的。在柔韧练习中，将伸展练习贯穿于训练始终，尤其要在准备活动和放松活动中做适当的伸展练习，每个伸展动作大约保持 10～15 秒。

以改善心肺功能为目的的体能训练，练习时间至少要持续半小时，而且要保证一定的强度。

3. 训练强度

在体能训练中要根据不同的练习形式合理安排与调整训练强度。

在力量和耐力训练中，我们一般用肌肉克服阻力的百分比来解释强度的含义。在肌肉力量训练中，往往需要以最大重复量（RM）为依据来确定训练强度，这个方法简便易行，应用极广。例如，8RM 的意思是能以正确的方式重复 8 次举起最大重量，这里的正确指的是按要求将重物平稳举起，而不是通过身体扭动、弯曲或猛拉完成练习，也没有向其他非工作肌群借力。若要提高肌肉力量和肌肉耐力，那么练习强度以 8～12RM 为宜。如果以促进肌肉力量的发展为主要目的，那么练习强度以3～7RM为宜，如果以促进肌肉耐力的增长为主要目标，那么练习强度以大于12RM为宜，并增加练习次数，这样练习时间也相应增加，可以有效提升肌肉耐力。但需要注意的是，重复练习的次数和力量的增长是成反比的，比如将训练强度确定为20RM，即重复20次完成重量练习，这样可以有效增长肌肉耐力，但是肌肉力量的增长并不是很明显。

在以提高心肺功能为目的的体能训练中，训练强度应在60%～90%之间，体能较差者训练初期设置强度为心率储备的60%，体能好的练习者训练强度为90%，要求全力完成练习。

4. 运动负荷

运动负荷是机体在身体练习中受到外部刺激时表现出来的应答反应的程度，既有生理方面的表现，也有心理方面的表现。负荷量和负荷强度共同构成了运动负荷，这两个组成因素是可控的，通过控制和调整负荷量与负荷强度，能够设计出不同运动负荷的训练方式。

体能训练效果一定程度上受到训练负荷的决定性影响，不同的运动负荷下取得的体能训练效果是不同的。学生在体能训练中要明确训练目的，从而合理安排与控制运动负荷，防止负荷过小达不到预期目的和负荷过大引起运动损伤。

四、体能训练的基本内容

从体能的构成结构来看，体能训练包括改善身体形态结构、提高生理机能水平、身体素质训练、心理素质培养以及环境适应能力提高等五个方面的内容。由于身体素质（运动素质）是体能结构中最外在的表现因素，因此体能训练的基本内容往往以身体素质为主，在体能训练的实践操作中，也主要是进行力量、速度、耐力、柔韧和灵敏五大身体素质的训练（图5-2），这五大身体素质与学生的体质健康、运动能力息息相关。搞好身体素质训练，能够为学生运动水平的提升奠定基础，也能对学生的身体形态、生理机能、心理素质以及环境适应力等产生积极的作用，促进良好训练效果的有效迁移，最终促进学生体能的协调发展。

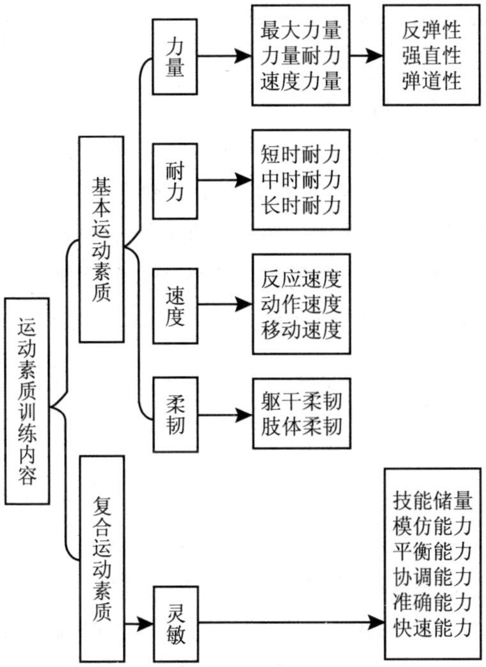

图 5-2 运动素质训练内容①

力量、速度、耐力、柔韧和灵敏素质是五大运动素质，是体能训练的基本内容。其中灵敏素质是综合性运动素质，其他是基本运动素质。各项素质之间密切联系，相辅相成，其中一个素质的发展变化都会对其他素质的发展产生影响，这就要求在身体素质训练中充分贯彻整体性、全面性和平衡性原则，促进各个身体素质的平衡发展，促进运动素质水平的整体提升。

第二节 体能训练的科学原理

一、应激原理

在学生体能训练中要对学生的个性问题给予重视，学生的个性行为

① 杨海平，廖理连，张军．实用体能训练指南[M]．广州：广东高等教育出版社，2013.

特征与应激息息相关。应激是一种反应模式，当有机体的负荷能力与平衡因受到外部刺激而被打破，或外部刺激超出有机体承受力时，有机体就会产生压力，个体应付刺激与压力的过程中会做出生理、认知、情绪、行为等多方面的反应，多种反应形式形成一个综合体。

机体的应激水平在不同环境条件的刺激下会发生不同程度的增加。应激对健康的作用具有两面性，如果应激适度，则能促进机体健康，而如果应激过度，则对机体健康有危害。在体能训练中要注重对健康应激的建立，将非健康应激水平降到最低。

（一）运动与应激

1. 运动与环境应激

运动能够引起机体的生理反应，环境也可以，二者对机体的生理影响是可以叠加的。人体机能在各种特殊环境的刺激下都会产生一定的反应，如果有机体同时受到多个不良环境因素的刺激，就会产生更多和更强烈的生理反应，生理反应的表现和程度出现叠加的情况。因此在不良环境条件下运动时，运动量一定要比正常环境条件下的运动量少，但寒冷环境除外，因为在寒冷环境下运动，要通过适当增加运动量使机体产生足够的热量去抵御寒冷，预防感冒。

2. 运动与心理应激

心理应激也会引起机体生理方面的反应，随着运动强度的不断变化，生理反应也会发生相应变化。虽然运动和心理刺激都能引起机体的生理反应，但这两种生理反应无法叠加。人体在低强度运动或不运动时引起的生理反应会受到心理应激的影响，但由于中高强度运动引起的生理反应则不会受到心理应激的影响。所以，人在低强度运动中或者在安静状态下，情绪会影响血压和心率，如高兴、愤怒都会使血压升高、心率加快，这对运动持续时间也会造成影响，即缩短运动时间。这种反应对学生体能测试的准确性也有一定的影响。

3. 运动减少应激

(1)长期运动

人体应激在长期科学而规律的运动锻炼中能够不断减少,主要表现为以下几方面。

第一,使机体对刺激的觉醒水平降低。

第二,应激后生理功能恢复加快。

第三,使心理应激水平得到提高,即提升心理承受刺激的能力。

科学研究表明,人们长期从事科学运动,运动有规律,则负面情绪就会减少,如焦虑情绪、心情沮丧等,这样就会使抑郁的概率降低,提升心理健康水平。另外,坚持不懈地参与运动,能够改善人体心肺耐力、减少体脂、促进体适能的增强,这些都是使人体应激有效减少的重要表现。例如,长期参与运动锻炼的人拥有强健的体魄,他们在生活与工作中完成一些任务时血压、心率、儿茶酚胺水平都能基本保持稳定,不会突然增加,这说明其应激反应减少了,或者说适应应激的能力提升了,而这主要得益于其通过长期运动而提升了生理和心理的适应能力。

(2)急性运动

急性运动在一定程度上也能有效减少应激,主要表现如下。

第一,适当的急性运动能够使人心情得到改善,使肌肉紧张减弱,焦虑等负面心理减少,使机体或心理对应激源的注意力发生转移,从而避免陷入困扰状态。

第二,急性运动使人体的自我支配感得到增强,这样人体就能更好地适应应激。

第三,通过急性运动,人们的运动技能越来越丰富,技能水平不断提高,这样在参赛时机体与心理应对竞赛刺激的能力就得到了提升,有利于身心保持良好的参赛状态。

(二)应激与健康

很多人认为应激会损害健康,这是错误的观念,事实上应激对健康的作用具有两面性,既有积极的一面,也有消极的一面,但其中有利的一面常常被人忽略,如调动机体情绪保持兴奋状态,促进身心适应能力和承受能力的提升。

应激客观存在于每个人的生活中，人们不可能完全避开应激。个体应对应激的能力和方式一定程度上影响着应激积极或消极作用的发挥。不同个体对应激的感受阈值是有差异的，体质健康、适应能力强的人，即使面对巨大的突发事件也未必一定能产生应激，即使产生应激，也未必会影响其身心健康。而对于体质弱、适应能力差的人来说，由于本身就存在健康问题，所以面对突发事件或者很小的事都很容易产生应激，被不良因素侵袭身心的薄弱地带，从而引起健康问题。

不管在健身运动中，还是在日常生活与学习中，我们都要善于将应激事件的积极作用充分利用起来，对其不良影响予以克服和预防，提升身心适应能力，正确对待应激，保持良好的身心状态，促进身体各系统组织的协调工作，促进机体潜能的充分发挥，提升健康水平。个体的应激能力常常受到应激源、应激策略、自身素质、支配能力以及社会支持等诸多因素的影响，只有全面兼顾这些影响因素，才有利于促进健康应激的形成，提升健康应激水平，同时预防非健康应激。

二、训练负荷原理

训练负荷是体能训练最重要的控制与影响因素。体能训练的全过程就是通过对受训者施加运动负荷，引起机体形态结构与机能产生生物适应而实现的。训练活动中如果机体没有承受一定的负荷刺激，便不可能产生新的适应现象。因此，了解和掌握负荷与刺激的基本原理是进行科学体能训练的一个关键。

负荷强度和负荷量是运动负荷的两个方面。负荷强度反映了负荷对有机体的刺激深度，一般由密度、难度、质量以及重量等因素构成，这些因素分别适用于不同的运动专项和不同的练习。在周期性运动项目中，多用练习的时间、高度、远度以及重量等来衡量负荷强度，而在非周期性运动项目中，常常用动作难度和完成质量反映负荷强度。

根据训练的努力程度、机能的紧张度和练习密度等客观标准，把负荷强度区分为不同的区域，表现为小、轻、中、大、最大五级负荷强度。负荷强度的掌握是因人而异的，应根据不同训练对象的实际情况来合理安排。实际运用中常常将个体最快速度、最大远度或高度以及最高负荷量的百分比值作为衡量强度大小的指标。

构成运动负荷的负荷强度与负荷量相互依存，不可分割。负荷量均包含强度的因素，而负荷强度必须通过负荷量才能反映出来。刺激强度大而刺激量太小，或者刺激量大而刺激强度不够都无法使机体产生应激或承受刺激，一定刺激强度的负荷只有达到相应的刺激量时，机体才会产生新的适应现象。在体能训练中要通过调节、变动负荷量和负荷强度的组成因素来安排与变化运动负荷。

三、恢复有序原理

正常情况下，负荷后的恢复是自然的和必然的现象。在训练状况下，恢复过程则需要人为安排。运动生理学研究表明，恢复机制并非在训练结束后才开始启动，训练负荷过程中，恢复是与损耗紧密交织，只是在不同阶段其优势状态各有不同。恢复与损耗都是一种状态，同时又都有一个过程，恢复过程有四个阶段，即“部分恢复”“完全恢复”“超量恢复”和“累积恢复”。所谓超量恢复，是在训练结束后的某一时段内能量补偿逾越原有水平的现象。所谓累积恢复，是指超量恢复效应维持一个时段之后并不完全退回到原初状态而会保留在一定的超水平上的现象。这是对体能训练恢复现象的规律性的认识，提炼这一规律性认识，就是恢复有序原理。

恢复有序原理明确了恢复过程的阶段特点，提示了在不同恢复阶段所应和所能施加负荷的基本量值标准，而训练负荷的量值安排又直接关系着训练水平的提高程度。据此，可以提出规范体能训练的重要原则——据养定练原则，即在体能训练中依据恢复结果而确立负荷指标。这一原则意在强调“养”字当先。在极限负荷的前提下，一旦启动训练系统，就要依据“养”的结果来确立“练”的量值，而不是反过来以“练”的情况作为“养”的动因。①

在长期的训练实践与研究中，人们创设出许多有效的恢复手段，主要分为以下三类。

第一，哲学手段，包括精神激励、心智调控，这是精神变物质的手段。

第二，力学手段，包括各种受动活动。这类手段简便易学，不需要高

① 谭成清．体能训练[M]．长沙：湖南师范大学出版社，2012.

额投入。

第三，化学手段，包括营养及药物。这类手段科技含量较高，因而会不断地出现峰谷。

第三节 体能训练应遵循的基本原则

学生在体能训练中必须遵守一些基本原则，也就是基本的准则。体育教师设计体能训练的计划、方案、处方等，也要将体能训练基本原则作为基本依据和指导方针。在严格遵守原则的前提下进行体能训练，能有效提升训练的可操作性、目的性和有效性，提高体能训练效果。

下面具体分析学生参与体育训练要遵循的一些基本原则。

一、健康性原则

学生体能训练与竞技体能训练有明显区别。竞技体能训练是以挖掘人体潜能，最大限度地提高运动成绩为目的的，训练方法具有极限性，特别是体能主导类项目，体能训练常常是“力竭”性的。而学生体能训练的目的是增强学生体质，促进学生健康发展。健康体魄是青少年为祖国和人民服务的基本前提，是中华民族旺盛生命力的体现。因此在实施体能训练的过程中要注意以增强学生体质、保持学生旺盛的精力和生命力为目的，同时要避免发生运动损伤。

二、目标性与系统性原则

处于不同生长发育阶段的学生，其身体形态、身体素质水平、身体机能状况等都有所不同，但都应该达到正常指标，处于正常范围内，这些范围与指标就是体能训练需要达到的目标。学生体能训练不是盲目的，要根据学生的生长发育规律制定科学可行的锻炼目标。另外，学生体能的发展也是连续的、不间断的，没有多年持续的练习，学生体能不可能取得良好的发展效果。所以，学生体能训练也具有其计划性和系统性。

在体能训练中贯彻目标性与系统性原则，要对以下要求予以注意。

第一，要检测学生的体能情况，包括身体形态、身体机能和运动素质，全面了解学生的体能发展现状，判断不同学生体能训练的起点，从人体生长发育规律出发对适合不同学生的合理的体能训练目标加以确定，使学生清楚通过体能训练要达到的具体目标。

第二，制订可行性强的体能训练计划，具体要求从学生的体能状况、训练目标出发加以设计与安排，在计划中进行训练阶段划分，提出不同阶段的具体训练目标和训练方法手段。

第三，根据学生的训练情况和体能变化情况而科学诊断训练效果。通过体能训练实践检验训练计划、训练方法是否合理，是否能够使学生达到预期训练目标，并通过体能测试检验目标达成情况。

第四，如果通过体能测试发现达到了阶段性训练目标，则继续按原计划执行训练。如果测试结果显示距离预期的阶段性训练目标还比较远，则要客观分析原因，及时调整训练计划，改进训练方法。

三、循序渐进原则

体能训练促进学生体质健康的作用是循序渐进的，因此体能训练必须贯彻循序渐进原则，要求在体能训练过程中对训练负荷、内容、方法等的安排必须循序渐进、逐步提高，避免突增式发展。

学生在进行体能训练时必须遵循循序渐进原则，循序渐进地增加负荷。负荷应保持在机体能够承受的范围内，刺激越深，产生的效应越明显。如果在体能训练中违背循序渐进原则，增加负荷时采取超过自身能够承受的最大负荷，则容易使机体出现劣变，产生不适症状，影响健康。

体能训练切忌急于求成，要注意以下几点。

第一，根据机体能力安排运动负荷，训练结束后身体感到适度疲劳，这说明训练负荷适宜。

第二，循序渐进地实施训练方法和手段，先采用简单容易的方法，然后逐渐采用较难的复杂的方法，使机体逐渐提升适应外界刺激的能力，提升机体的应激水平。

第三，每一次体能训练都要循序渐进，从热身开始，然后负荷增加，向正式训练过渡，最后再减少负荷，进行放松活动。

四、持之以恒原则

学生体能的改善与体能水平的提升是一个长期的过程，需要坚持不懈地进行体能训练才能达到体能发展目的，如改善身体形态、提升身体机能水平、促进运动素质协调发展等。因此学生要养成长期坚持体能训练的好习惯，不能半途而废，有始无终。

人体生物适应具有长期性，基于这一规律而提出的持之以恒原则要求学生长期坚持训练，在训练中改善每个系统、器官，改造生理功能，从而产生良好的生物适应，如果只靠一朝一夕的训练是无法实现的。

体能训练的效应具有不稳定性，如果断断续续训练，体能训练的效果就会慢慢消失，甚至会出现体能水平不及训练前的情况。因此持续训练是非常重要的。

贯彻持之以恒训练原则要注意以下几点。

第一，训练动机明确、正确，明确合理的训练动机能够激发学生的斗志，使学生长期坚持训练。如以减肥为动机的学生能够在强烈动机的推动下坚持体能锻炼，从而获得健康而优美的身体形态。

第二，制订恰当的训练计划，能够对学生的运动心理产生影响，对学生的训练行为进行调控，督促学生行动。

第三，学生结伴进行体能训练，在有人陪同的情况下，个人不易放弃训练，同伴之间相互加油鼓励，能够一起坚持下去。结伴练习也能创造出很多新的训练方式，避免训练形式单一。

五、区别对待原则

学生的生长发育规律基本相同，即使存在生长发育的程度差异，也基本保持在合理范围内。但学生的体质与其他群体相比，由于先天遗传与后天环境的双重影响，差异就比较明显。因此在体能训练中要根据学生的生长发育特点去安排训练事宜，体现出与其他群体体能训练不同的一面。与此同时，即使面对同一年龄群体的学生进行体能训练，也要观察他们在合理范围内的差异，做到区别对待，不能一刀切。

不同学生参与体能训练的目的可能有所区别，如有的学生为了强身健体，有的为了减肥塑形，有的为了防治疾病等，对于持不同目的进行体能训练的学生也要区别对待，根据不同的训练目的合理安排科学有效的训练内容与方法。

需要注意的是，有的学生因为先天遗传或后天受到不良环境因素的影响而体质较弱，也有一些身体发育不健全的特殊群体，对于这部分学生，我们尤其要注意区别对待，了解他们的身体情况和真实需求，在体能训练中做到对症下药，具体要求如下。

第一，对特殊学生群体的身心状况进行分析，了解其需求，从而制订特殊的训练计划。

第二，尊重学生的体质差异，为体质特殊群体设计切实可行的训练方法手段。

第三，在体质特殊群体进行体能训练的过程中，教师要多鼓励，多用正面语言暗示，帮助他们增长自信。

第四，要长期抓好特殊学生体能训练工作，不能“放弃”这部分学生，争取使他们通过坚持训练而达到正常体质水平。

六、科学监控原则

在体能训练中要运用多学科理论与方法制订训练计划、设计训练方法、调整训练形式、调控训练过程、评价训练效果等，其中运动生理学、运动心理学以及运动医学等学科理论发挥着重要的作用。

科学监控在学生体能训练中发挥着重要作用，在训练过程中进行科学监控很有必要。通过科学监控，能够很好地把握训练负荷，预防因负荷过小而导致训练效果差或因负荷过大而导致机体受伤等不良结果的发生。科学监控还能对学生的身心疲劳状态和恢复情况进行判断。

在体能训练中，学生对自己运动状态的判断可以参考主观体力感觉，这是一种比较方便快捷的判断方式，见表 5-2。

从表 5-2 来看，在 6～11 的等级范围内，运动者的主观感觉是较为轻松的，这一阶段运动负荷不大，还不能显著提高体质水平，取得明显的体能训练效果。当主观感觉在第 12～13 或第 14～16 的等级范围内时，说明运动负荷是较为合理的。超过 16 时，说明运动负荷较大，身体有明显的疲劳表现，恢复时间长。

学生根据主观感觉找出对应等级，用数字乘以 10 即为大概的运动心率值。当学生在体能训练中将心率控制在 130～160 次/分钟时，说明负荷是比较适宜的，训练效果也较为明显。

表 5-2　主观体力感觉等级表①

等级	主观感觉
6	根本不费力
7	极其轻松
8	—
9	很轻松
10	轻松
11	—
12	有点吃力
13	—
14	—
15	吃力
16	非常吃力
17	—
18	—
19	极其吃力
20	精疲力竭

七、全面发展原则

学生参与体能训练，既要改善身体形态，又要锻炼身体机能，同时还要提升身体素质，这样才能全面发展与提升体能。因而在体能训练中要贯彻全面发展原则，促进学生各方面体能因素的协调发展。

① 秦剑博，常宇伟．大学生体能健身理论与方法[M]．北京：北京体育大学出版社，2018．

贯彻全面发展的原则，要求在体能训练中注意以下几点。

第一，体能训练方法丰富，手段多样，尽可能通过采用丰富多样的训练方法和手段全面锻炼各方面体能素质。

第二，分清训练中的主要系统和辅助系统，促进机体各系统训练的全面性，如以大肌群力量训练为主时，小肌群肌肉力量训练作为辅助系统同样不可忽视。

第三，合理配置不同训练内容和方式，将趣味性练习穿插于内容枯燥的练习中，将田径类基础训练内容穿插于其他运动项目的体能训练中，提高身体活动能力。

第四，注意全身训练，局部练习时间不可过长，以免因局部负荷过大而造成运动损伤。

第五，在锻炼身体的同时培养心理素质，促进身心协调发展。

八、安全性原则

安全性是维持学校体育教学正常秩序的保证，因此在学校体育教学中开展体能训练，必须贯彻安全性原则，将学生的生命安全放在首位。

增进健康是学生体能训练的根本目的，预防伤害事故，保证学生的安全是实现这一目的的前提条件。在体能训练中，有时会因为场地器材使用有误、热身补充、保护帮助不及时、训练方法不科学等原因而导致运动伤害事故发生，这是必须高度警惕的。

在体能训练中贯彻安全性原则要注意以下几方面的要求。

第一，在训练前制订安全周密的训练计划，检查场地器材，根据学生的训练目的设计安全可靠的训练方法。

第二，热身准备是体能训练过程中的第一步，通过热身，使身体机能更快进入活动状态，为正式训练打好基础。

第三，加强对学生的保护，在学生训练时提供必要的帮助，这需要发挥体育骨干或体育委员的重要作用。

第四，日常体育教学中加强安全教育和运动损伤防治的理论教学，使学生有意识地预防损伤，并掌握基本的损伤应急处理方法。

九、与掌握运动技术相结合原则

技术动作是体育活动的基本组成因素，即使是简单的身体素质练习，也包含技术动作，技术因素在各种形式的体育活动中都占据重要地位。学生掌握基本的运动技术，能够为顺利进行体能训练奠定基础，也能使体能训练的内容更丰富、方法更多样，使学生从中获得乐趣。

在体能训练中贯彻与掌握运动技术相结合的原则要注意如下要求。

第一，对于儿童阶段的学生，主要安排运动技术简单的游戏活动。对于青少年学生，可逐渐增加运动技术的难度。

第二，循序渐进地掌握运动基础，从简到繁，从易到难，先学习简单的、容易的积累技术量，建立新的条件反射，从而为掌握复杂技术和高难技术做准备。学生将体育项目作为体能训练手段，能够掌握更丰富的技术内容，达到增强体能和提示运动水平的目的。

第三，对学生的运动兴趣进行培养，使学生积极参与强身健体功效显著的体育运动，培养学生终身体育观和坚持锻炼的好习惯。

第四，对于不同体质群体、不同运动水平的群体提出的动作要求要有区别，随着体能的增强和运动水平的提高而不断增加动作难度，促进学生运动技能水平的持续提升。

第五，在技术学习与运用中全面培养学生的身体素质。

第四节　体能训练的方法指导

学生在体能训练中以完成体能训练任务、提高体能训练水平、增强体能素质为目的而采用的所有训练技巧、方法、途径与手段统称为体能训练方法。体能训练方法是体能训练的工具，是实现体能训练目的必不可少的重要途径。体能训练方法的形成过程也是在遵循体能训练原理的基础上从体能训练实践中高度总结与提炼的过程。加强对体能训练方法的科学设计与创新运用能够有效提升体能训练效果，提升学生的体能素质。

学生体能训练的常见方法有重复训练法、间歇训练法、循环训练法、变换训练法、游戏训练法。

一、重复训练法

（一）方法概述

重复训练法是指在体能训练过程中，重复同一个练习且安排相对较充分间歇时间的训练方法。通过多次重复某一练习，一方面可以刺激训练强度，达到理想的负荷；另一方面可以巩固对单一动作的熟练程度。

采用重复训练法时，要求在高强度状态下完成训练任务，高质量、高标准地完成每次练习。例如，学生希望通过重复训练来提高短距离跑的速度，练习距离 60 米，重复练习 20 次。事实上这种练习方式并不严谨，在练习中只有前几次可以保证练习质量，后面的练习在强度上无法满足，致使供能系统发生改变，从而出现实现预期目的。

重复训练法具有间歇时间相对充足的特点，为了保证磷酸原供能系统的再合成，间歇时间一般为 3～5 分钟。如果间歇时间过短，有可能发生供能系统转移的情况。

（二）方法应用指导

重复训练法适用于以磷酸原供能系统为主的训练项目中。因此，在训练内容的安排中，应该选取一些练习时间在 10 秒以内的练习内容，可重复 5 次左右。例如，借助绳梯进行快速小步跑的速度练习，要求小步跑的交换频率尽可能快，绳梯长度为 30 米，每次做完后间歇 3 分钟左右，这是重复训练的典型应用。

重复训练法还可以运用于爆发力的练习中，练习手段有推抛实心球、抓举、挺举等。

二、间歇训练法

(一)方法概述

间歇训练法是指在体能训练过程中严格规定次与次、组与组之间的间歇时间,要求机体在不完全恢复状态下反复训练,有助于提高机体抗乳酸能力和持续运动的能力。

间歇训练法最显著的特点是严格限制间歇时间,使机体在不完全恢复状态下再次进入运动状态,使机体代谢产生明显变化。所以说间歇训练法在各种训练方法中总负荷相对较大。

(二)方法应用指导

间歇训练法主要适用于发展机体以糖酵解为主要供能系统的项目的能力。体能训练中,机体在较高强度下运动至 2～3 分钟时,其间以糖酵解供能为主。一般来说,高强度运动 10 秒之后,糖酵解作为供能系统的比例逐渐增加,在运动到 30 秒时产生的能量最高。因此,体能训练中只要是较高强度、持续时间 10 秒至 2～3 分钟的项目都适合采用间歇训练法。

三、循环训练法

(一)方法概述

循环训练法是指在体能训练过程中,练习者按照设置点位的形式,依据一定的路线、顺序逐个完成每站训练任务的一种训练方法。循环训练法在结构上包括每站练习的内容和负荷;站与站之间的顺序、间歇;组与组之间的间歇;站点总数以及循环组数。①

循环训练法对整个训练结构要素有较为严格的要求,不仅规定了训

① 周胜.大学生体质健康指南[M].北京:中国广播影视出版社,2020.

练内容、强度、持续时间、间歇时间等，还要求按照给定的顺序依次完成训练任务。此外，循环训练中平均每个站点的负荷相对较小，但总的负荷非常大，对学生的心肺功能有较高要求。

（二）方法应用指导

循环训练法在体育教学、学生个体锻炼中有着广泛的应用。

循环训练可应用于多项身体素质的综合发展中。例如，采用循环训练法，设置多个点位，包括上肢力量、核心力量、下肢力量的练习以及小步跑、交叉跑、高翻等多个练习手段，通过设置和安排一系列站点与内容，充分满足学生的练习需求。

循环训练法可以激励学生克服困难、挑战自我、超越自我，由于这种训练方法练习内容丰富，总的负荷要求高，因此可以使学生在练习时提高对自己的定位水平。

学生采用循环训练法还可以预防在训练中产生枯燥乏味的消极情绪，多样化的训练可以促使学生更好地坚持下去，积极完成训练任务。

四、变换训练法

（一）方法概述

在体能训练中，对训练内容、训练形式以及训练负荷等进行变换调整，在调整之后继续训练的方法即为变换训练法。变换与调整不同的训练因素，能够达到不同的训练效果。

1. 改变训练形式

变换与调整训练形式，能够将学生的训练积极性调动起来，促进良好训练效应的产生。

2. 改变训练内容

变换与调整训练内容，能够促进学生身体素质的全面锻炼与发展，促进其综合体能水平的提升。

3. 改变训练负荷

变换与调整训练负荷,能够使机体适应不同负荷刺激,促进机体组织系统功能的改善。

为了提高变换训练法的适用性,需要根据需要目的而灵活改变训练因素,除了改变训练形式、训练内容和训练负荷外,还能改变训练时间,如果遇到训练时间与突然的学习任务发生时间冲突时,需要灵活调整训练时间,适当延后,但不能因此而放弃。

(二)方法应用指导

变换训练法对学生体能训练、运动员体能训练均具有重要意义。如果在体能训练中不断重复单一的训练内容,采用少数几种训练形式与方法,那么学生很容易厌烦和放弃,对体能的健康发展不利,而如果可以对训练形式、训练内容、训练方法,或者训练器材、人数、时间等进行适度变换与灵活调整,那么便能很好地使学生保持良好的训练积极性,对学生体质健康发展十分有利。

变换训练方法有着广泛的应用范围。以某一次体能训练为例,在下列不同阶段进行不同的安排与调整。

1. 准备阶段

合理安排训练量和训练强度,也就是运动负荷,达到热身的目的,为正式训练做好身心准备。

2. 主体部分

在训练的主体部分,变换运动负荷,负荷较准备阶段大,以达到良好的训练目的。

3. 整理部分

在训练的收尾部分,再次调整训练负荷,较主体训练阶段的负荷小一些,通过负荷较小的整理放松活动,达到促进身体疲劳消除的目的。

五、游戏训练法

（一）方法概述

游戏训练法是以游戏方式进行体能训练的方法，有明确的游戏规则，学生在规则范围内进行主动性和创造性的活动，从而完成游戏任务，达到预期目标。这一训练方法对吸引学生的注意力和调动学生的参与积极性具有很大的帮助。

游戏训练法是在游戏环境下实施的，游戏环境是不断变化的，学生在遵守游戏规则的同时需要在不同的环境下灵活应变，将自己的能动性和创造性充分发挥出来。体能训练中可以采用多种多样的游戏内容与形式，不同体能水平、运动水平的学生都可以找到适合自己的游戏训练方法，针对不同的训练内容也能灵活设计游戏训练方式，可见游戏训练法的应用很灵活。对于刚开始参与体能训练的学生，采用游戏训练法的意义更突出。

（二）方法应用指导

在体能训练中设计与选择游戏，要参考训练任务、训练目的、训练对象的特点以及训练内容等诸多因素，要有针对性地设计与选用游戏，如采用追逐跑、丢手绢等游戏来锻炼学生的速度素质，采用“听数抱团”游戏来锻炼学生的灵敏性等。

应用游戏训练法，要合理设计能够吸引学生和具有高度概括意义的名称，要明确提出游戏规则与要求，而且游戏的实施方法必须简便易行。在游戏中可以根据需要安排一名裁判，裁判员必须公正公平执裁，不能偏袒，最后公开游戏结果，并对游戏者进行评价。

第六章　学生体能素质的发展与训练研究

在体育教学中，体能训练一直都是运动训练的重要组成部分，体能是反映学生机体能力的最重要的信息，也是改善体质发展运动能力的基础，因此，无论在义务教育阶段还是高等教育期间，对学生体能素质的发展和训练都是体育教学的重点内容。具有良好的体能是充分发展运动能力和提高健康水平的核心，也是帮助学生建立自信心的重要途径。因此，科学地发展体能是各阶段教学的核心任务。本章，将从力量素质的发展与训练、速度素质的发展与训练、耐力素质的发展与训练、柔韧素质的发展与训练以及灵敏素质的发展与训练展开研究，希望对促进体能教育和素质教育的发展起到积极的促进作用。

第一节　力量素质发展与训练

力量是身体素质的基本组成，生命活动的每一个环节都离不开力量，可以说力量是运动之源。在学校的体育教学中，对力量素质的发展一直都是体育教学的基本任务，力量素质的训练需要在科学的方法下进行，学生要具备一定的基础理论知识。比如力量素质的概念、分类、以及常见的训练方法等。

一、力量素质的概念

人体在体育运动中所有的力量都源自肌肉的收缩，除了运动，力量也是人们进行日常生活的基本能力。力量是运动素质的一种，是人体获得身体某部分肌肉在工作时克服阻力的能力。克服阻力的能力反映了肌肉的工作能力，即肌肉力量，肌肉通过一收一缩对抗阻力完成工作。阻力又分为内部阻力和外部阻力。内部阻力是指肌肉间的对抗力、肌肉的黏滞性等。外部阻力包括摩擦力、物体重量和空气阻力等。决定力量素质的主要因素包括以下三种。

(1)肌肉完成动作时的收缩力。

(2)肌肉收缩的协调能力。

(3)骨杠杆的机械作用。

人体肌肉的占比与性别关系明显。健康的成年男性肌肉占总体重的43.5%左右，女性肌肉占总体重的35%左右。如果长期保持一定的运动量，那么男女的肌肉占比都会有一定幅度的提升，那么也就意味着力量素质得到了一定的发展。总之，力量素质是衡量运动训练水平的重要指标之一。

二、力量素质的分类

(一)以力量和体重的关系分类

1. 绝对力量

顾名思义绝对力量指的是不考虑其他因素的情况下，人体所能发出的最大力量。通常，力量和体重具有一定的相关性，体重较重的运动员比体重较轻的运动员具有更大的绝对力量。

2. 相对力量

相对力量指的是相对于体重而言，运动员所能发出的最大力量，准确地说，运动员的相对力量等于绝对力量除以体重。根据这一力量关系，有时候运动员会利用减轻体重的方式来达到增加相对力量的目的。尤其是一些靠移动身体来完成的体育项目，比如跳远、跳高，通过适当地减轻体重可以提高相对力量。

(二)按照力量的表现形式分类

1. 快速力量

快速力量以速度和加速度的形式表现出来,它需要肌肉在较短时间内快速收缩,快速力量的机制是经神经肌肉系统通过反射活动、肌肉弹性成分和收缩成分之间的协调来接受和对抗外界施加的快速负荷。在一些具有“爆发性特点的运动项目中,快速力量往往起到决定性作用。常见的有以下几种。

(1)弹跳力

弹跳力是指在触地前肌肉被瞬间拉长,而触地时自动缩短,并且以非常高的加速度向相反方向运动,从而让身体向上跃起。弹跳力通常指人体在运动过程中迅速改变运动方向,肌肉产生最大负加速度的能力。

(2)爆发力

爆发力是神经肌肉系统以最短时间和最大加速度获得的一种快速力量。通过肌肉的弹性,可以在极短暂的时间内使肌肉预拉长而瞬间产生的弹性能力。

(3)起动力

起动力是指肌肉收缩 50 毫秒内达到最大力值的能力。起动力是弹性力量中收缩时间最短的力,也是一种表现在必须对信号做出快速反应的运动项目上的一种力量能力。

2. 最大力量

当肌肉通过最大随意收缩抵抗无法克服的阻力时,所表现出的最高力值即被称为最大力量。最大力量除了与肌肉的收缩以及相应的协调能力有关之外,还与传入肌肉的神经冲动的强度和频率有关。然而最大力量并不是一个固定值,实际上它往往处于一个动态的过程中,因此每个人都有发掘自身最大力量极限的潜力。

3. 力量耐力

力量耐力是指机体耐受疲劳的能力,可以理解为机体持续保持较好运动水平的能力。很多运动都需要不同程度的力量耐力，而划船、游泳、长跑等项目需要较高的耐力力量。

三、力量素质训练的基本方法

（一）颈部力量素质的训练

颈部肌肉的力量素质对保护颈部，以及在身体进行剧烈运动时发挥灵活的协调能力非常重要。因此，无论从事哪项运动都有必要进行颈部肌肉的力量训练，常见的训练方法如下。

1. 头手倒立

头手倒立训练法是最常使用的发展颈部肌肉力量的方式。在练习时，身体靠近墙壁前，缓慢屈臂成头手倒立状。头部起支撑作用，双手保持身体的平衡，双脚轻轻放在墙壁上，尽力坚持较长的时间，以达到锻炼的目的。由于该动作需要一定的技巧，学生在训练时要确保有同伴保护，运动前要做好充分的热身运动，注意运动安全。

2. 背桥练习

背桥是指以脚和头着地支撑身体重量，可以采用仰卧或者俯卧的姿势，稳定后腹部（或者臀部）向上挺起，使整个身体呈现“桥”状。训练前要做好每个关节的热身运动，预防运动扭伤。

（二）肩部力量素质的训练方法

人体肩部肌群的力量非常重要，尤其是锁骨末端的三角肌，肩部三角肌前部、侧部以及后部共同围绕起来在肩部形成一个圆球。科学的肩部力量训练能使整个三角肌得到全面发展。

1. 颈前推举

颈前推举可以很好地发展三角肌前束和斜方肌的肌力。训练时可以采用直立姿势或坐姿推举。双手握紧杠铃保持与肩同宽，握杠于锁骨处，手臂垂直向上伸直推起。需要注意的是，学生在训练时要谨慎选择杠铃的重量，必须根据教师的建议进行，过大重量的杠铃也许会造成损伤，重量过轻又不能达到训练效果，因此合理选择杠铃的重量是关键。

2. 颈后推举

颈后推举是发展三角肌后束、冈上肌和肱三头肌肌力的常用方法。训练动作为双手握紧杠铃与肩膀同宽，垂直上举至手臂伸直。训练前注意做好热身，训练后要及时作拉伸运动。

（三）臂部力量素质的训练方法

臂部力量素质的训练可以帮助学生塑造强壮有力的前臂肌群，还可以提高握力、支撑力和塑造漂亮的手臂线条。因此，越来越多的女生对臂部力量素质的训练格外重视，常见的训练方式如下。

1. 俯卧撑

俯卧撑是非常重要也是非常实用的手臂力量训练方法，它可以很好地发展肱三头肌、三角肌、背阔肌等肌肉的力量素质。训练方法为俯卧于瑜伽垫上或者地板上，两臂伸直支撑上半身重量，双腿伸直，双脚支撑地面，然后屈臂，使胸部尽量贴近地面，然后快速推起两臂伸直，连续做10～15次。

2. 坐姿弯举

坐姿弯举可以发展肱二头肌和前臂肌群的力量。训练时学生坐在长凳上，双腿自然分开，一手握哑铃，另一手掌置于对侧的膝关节上，握哑铃的手臂充分伸展，将肘关节的上部置于膝关节处另一侧的手背上，上臂固定，慢速屈肘至胸前，然后再慢慢放下哑铃成预备姿势，反复训练。训练时要两臂交替进行，负荷重量以能完成10～12次为宜，过重或者过轻都不利于训练。

（四）胸部力量素质的训练方法

发展胸部力量的方法很多，可以徒手练习也可以使用器械进行训练。在训练实践中，任何下肢高于上体的斜板卧推和飞鸟动作都有助于发展胸大肌下部力量，具体训练方法如下。

1. 仰卧扩胸

仰卧扩胸主要目的是发展胸大肌和三角肌的力量。开始练习时让学生仰卧在垫子或矮凳上，两臂伸直手握哑铃，使手臂和身体成"十"字形。然后慢速地将哑铃举至胸的正上方，过程中双臂保持伸直，然后慢速还原成预备姿势，反复练习。

2. 斜板卧推

斜板卧推是发展胸大肌下部、肱三头肌和三角肌力量的主要方式之一。训练中学生宽握杠铃仰卧于斜板上，保持脚部高于头部，双臂缓慢地朝着胸中部慢慢放下杠铃，随后迅速用力向上举起杠铃，保持稳定的节奏反复进行训练。

3. 宽撑双杠

宽撑双杠可以发展胸大肌下部、外部肌肉以及肱三头肌、三角肌、前锯肌等肌肉的力量素质。训练时让学生首先脸朝下并收紧下颌，脚尖向前，眼视脚尖，两手宽握双杠，屈臂使身体下降，然后伸直手臂撑起身体。

（五）腹部力量素质训练方法

腹部力量素质训练的重点是发展腹外斜肌、腹内斜肌、腹直肌和髂腰肌力量，充分利用腹肌的收缩来缩短骨盆底部至胸骨间的距离，具体训练方法如下。

1. 半仰卧起坐

半仰卧起坐用于发展腹直肌的上部力量。训练时，学生平躺在瑜伽垫上，或者练习凳上，两足固定，可以手持负重或将负重放于胸前增加负荷。开始时上体向前上方慢慢卷起，同时两膝逐渐弯曲。在收缩时停留2秒钟。注意训练时背下部和髋部不能离开瑜伽垫或练习凳。

2. 仰卧起坐

仰卧起坐可用于发展腹直肌、髂腰肌的力量素质。训练时学生仰卧在瑜伽垫上或者练习凳上，双脚固定，双手抱头，练习时主要动作是重复做屈上体坐起然后还原，一般以计次或者计时的方式进行练习。

（六）背部力量素质训练方法

背部力量是指发展人体的背阔肌、大圆肌、斜方肌、冈下肌、小圆肌、前锯肌以及骶棘肌等肌群的力量。学生在训练过程中应做到动作准确，使肌肉充分收缩，以充分发展背部力量。具体训练方法如下。

1. 持铃耸肩

持铃耸肩可用于发展斜方肌。训练时要求学生身体自然站立，正握杠铃，慢慢耸起双肩，使肩峰尽量靠近耳朵，然后还原，反复动作进行训练。

2. 直腿硬拉

直腿硬拉主要是发展骶棘肌、斜方肌、背阔肌、股二头肌、半腱肌、半膜肌、大收肌等伸展躯干和伸髋的肌肉力量的方式。训练时两腿自然站立，上体前屈的同时挺胸紧腰，伸直双臂并握住杠铃，然后伸髋、展体，将杠铃拉起至身体挺直。重复动作进行反复练习。上拉时应注意收紧腰背肌群，杠铃靠近腿部。

（七）腿部力量素质训练方法

腿部承载着机体运动的最重要部分，是每日生活工作的主要行动部位之一，同时腿部力量还是机体从事其他常见运动项目的基础。因此，无论从事哪种项目，都要注意腿部力量的训练。

1. 纵跳

纵跳是用于发展伸膝和屈足肌群的力量及弹跳力的主要方式。训练时学生一般会被要求穿上沙背心，带上沙护腿。以半蹲姿势起跳，同时两臂上摆，腿充分蹬伸，注意头保持向上顶，重复动作进行练习。练习时可以悬挂出高度线，让学生每次努力去接近高度线以提升训练效果。需要注意的是，负重适宜，否则适得其反。

2. 蛙跳

蛙跳也是常用于提高下肢爆发力及协调能力的训练方法。根据学生的年龄和身体基础情况，可以选择穿戴沙背心、沙护腿进行练习，也可以不负重练习。开始训练时身体以全蹲姿势准备，然后两脚蹬地，腿蹬直向前上方跳起，腾空后挺胸收腹，快速屈腿前摆，双脚掌落地后不停顿地连续做6～10次。注意尽量快速起跳，并且身体充分伸展，可逐渐增加远度要求。

（八）臀部力量素质训练方法

1. 负重弓步

负重弓步主要目的是发展臀部肌群的力量。双腿弓步站立，双臂自然下垂，根据学生的自身情况选择恰当的负重进行练习。弓步向前移动，弓步腿大腿与地面平行，另一条腿尽量伸直，重复动作进行练习。

2. 侧卧侧抬腿

侧卧侧抬腿是发展臀部肌肉群力量的常用训练方法。学生侧卧于瑜伽垫上，双腿并拢伸直，向上抬起外侧腿至最大幅度并保持2～3秒，慢慢还原，重复练习。练习过程中注意双腿始终保持伸直。

第二节 速度素质发展与训练

速度素质是体能素质的重要内容，在竞技运动中起着举足轻重的作用，在有些情况下甚至是决定运动成绩高低和比赛胜负的关键。对于青少年学生而言，常规的速度体能训练也非常必要，是体育教学的重点内容之一。

一、速度素质的概念

速度是指人体进行快速运动的能力。它包括三个方面，即对各种刺激快速反应的能力、快速完成动作的能力和快速通过某一距离的能力。速度是体育运动的基本要素之一，是体能训练的重要组成部分。现有的竞技运动项目有很多都是比拼速度的运动。

二、速度素质的分类

速度素质是人体进行快速运动的一种能力，基本的表现形式有：反应速度、动作速度和周期性运动中的位移速度。

（一）反应速度

反应速度是指人体对各种信号刺激的快速应答能力。这种能力是机体神经系统与运动系统综合能力的体现，在运动中被称为反应时，反应时长则说明反应速度慢，反应时短则说明速度快。比如，乒乓球运动员能在 0.15 秒内根据对方的击球动作和击球声音能够准确地判断来球的落点和旋转性能，同时做出相应的技术回击，这就是优秀的反应速度的表现。

机体的反应速度受遗传因素影响较大，占比达 75％以上。其次，反应速度与刺激信号的强度和注意程度也关系密切。

（二）动作速度

动作速度是指人体完成某个或某套动作的速度能力。因此，动作速度一般可分为单个动作速度、成套动作速度及动作速率三种。如投掷运动员掷出器械的速度，排球运动员的扣球速度，跳高运动员的起跳速度，体操和武术运动员完成成套动作的速度以及拳击运动员的出拳速率等。

动作速度主要取决于信号在各环节的神经传递速度，以及神经系统对运动器官的指挥能力。如兴奋冲动强度大,加之传递速度快,协调性好,即指挥的能力强,动作速度必然快。此外,动作速度的快慢还与人体各器官系统的准备状态、快速力量与速度耐力水平以及动作熟练程有关。

(三)位移速度

位移速度是指在周期性运动中,单位时间内人体快速位移的能力。通常用通过一定距离的时间或单位时间内所通过的距离来表示。位移速度与机体的综合能力水平相关,比如神经系统的灵敏性,运动器官的运动频率、幅度等等直接相关。在技术动作中,位移速度可分为平均速度、加速度和最高速度。另外,位移速度也受到遗传因素影响。

构成速度素质的反应速度、动作速度、位移速度之间既有联系又有区别。位移速度本身就是由各个单个动作速度和动作速率组合而成,反应速度一般情况都是位移速度的开始,因此,在发展位移速度的过程中,要全面考虑三者之间的关系。就位移速度而言,反应速度是先决条件,动作速度是基础。

三、速度素质训练的基本方法

(一)上肢和躯干动作速度的训练方法

1. 俯卧撑起击掌

俯卧撑起击掌是发展上臂后部和肩部肌肉群动作速度和爆发力的训练方法。训练时要求学生双手双脚同时撑地,身体成一线。动作开始时以双臂向身体下方屈肘并借力快速撑起身体并击掌,随后恢复开始姿势,燃烧重复练习。训练时保持全身伸展并始终保持平衡。

2. 仰卧快速单臂拉引

仰卧快速单臂拉引是发展胸部、肩部肌肉群力量的主要方式,同时对提高身体支撑和稳定能力有帮助。该练习需要使用瑞士球作为辅助。

开始训练时将瑞士球放在地面上，并靠近滑轮拉引练习器。学生单手握滑轮拉引练习器把手，成仰卧姿势。头和上背部在瑞士球上支撑，双脚撑地，使髋和背部与地面平行。肘关节微屈，臂从较低位置开始拉引，该动作结束后保持 1 秒钟，再回到开始姿势然后重复练习。

3. 斜立扩胸

斜立扩胸是发展胸部、肩部肌肉群速度力量的主要方式，同时也可以锻炼身体的支撑和稳定能力。训练时将两个瑞士球左右相邻放在地面上，俯卧用双手扶住球面支撑上半身。双脚撑地身体屈膝，并向球倾斜。然后用力将两球向外侧滚动，从而打开双臂至最大幅度，保持 2 秒钟后回收双臂，将球滚回开始位置。重复练习。

4. 仰卧快速引体

仰卧快速引体是发展肩部、臂部和上背部肌肉群速度力量和爆发力的训练方法。练习时学生仰卧，双手握住固定横杠，将球垫在膝关节下。上引身体使下颌接触横杠，重复练习。

5. 头上传接实心球

头上传接实心球是发展肩部、臂部肌肉群速度力量和爆发力的训练手段。训练时两学生一组，相对站立，保持 3～4 米的距离，稍微屈膝，双手持实心球于头上，进行连续传接练习。

（二）反应速度的训练方法

1. 两人拍击

两人拍击是发展反应动作速度和上体动作灵活性的训练方法。两人相对而立，听到教师的口令后设法拍击对方的背部，同时极力避免被对方拍到自己。该练习可以很好地提高学生的反应速度。

2. 老鹰抓小鸡

老鹰捉小鸡是大家非常熟悉的、经常用于发展低龄儿童或者小学生的反应动作速度和下肢动作灵活性的游戏。游戏规则简单，但是效果很好，能够让学生在娱乐中得到锻炼，是很好的寓教于乐的体育训练方式。需要注意的是，扮演“老母鸡”的同学在转身时要有意识地为身后的同学留出回转的余地，而不能仅仅考虑用自己的身体遮挡住“小鸡”。而“老鹰”必须动作灵敏，能够出其不意地调转方向，有意识地诱导队尾的“小鸡”就范，从而赢得游戏。

3. 反应起跳

训练时让学生围圈面向圈内站立，圈内 1～2 人，站在圆心附近手持小竹竿，竿长要能超过圈的半径。游戏开始持竿的学生将竹竿绕过站圈人脚下画圆，猪肝经过脚下时学生立即起跳，保证不被竹竿碰着脚，否则为失败。

4. 贴人游戏

贴人游戏是发展反应动作速度和灵敏性的练习方法。练习时所有学生面向圈内站立围成一个圆圈，左右间隔 2 米。选择两人在圈外沿圈跑动追逐，被追的学生可随机选择一人贴近，被贴的学生则成为新的被追逐者开始逃跑，直到有人被抓住重新开始游戏。

5. 起动追拍

起动追拍是发展反应动作速度和灵敏性的游戏之一。两名学生一组，前后相距 2～3 米慢跑，听到信号开始追逐并设法拍到另一名同学的背部。游戏设置 30 秒内追逐成功才算有效。

6. 追逐游戏

追逐游戏也是发展反应动作速度和灵敏性常见游戏之一。游戏开始时两组学生相距 2 米面向站立，事先规定单数队和双数队。教师随意喊出双数或者单数的口令，然后按照事前规定，一队跑一队追。在 15～20 米距离内追上为胜，追不上为败。

（三）移动速度的训练方法

1. 摆臂

通过练习提高摆臂动作的效率来提高摆臂速度。双脚并拢站立做短跑动作前后摆臂，肘关节弯曲约 90°，双手放松。前摆手到肩部高度，后摆手摆到臀部之后。

2. 跑步动作平衡

通过练习提高踝关节肌肉群的紧张度和稳定支撑能力。单腿支撑姿势，左脚用脚掌支撑，肘关节弯曲约 90°。左手在肩部高度，右手在髋部高度，右腿高抬，右脚踝靠近臀部。保持这个姿势 20～60 秒钟。重复练习。

3. 跑步姿势交换腿高跳

通过训练可发展跑动中的腿部的爆发力。练习时从慢跑开始，用跑的身体姿势进行高跳，另一只脚落地。练习时尽量高抬膝，往高处跳。

4. 踝关节小步跑

通过练习可发展脚的动作速度和踝关节肌群弹性力量。采用很小的步长快跑，强调脚底肌群的踏地和踝关节屈伸动作。训练时脚部动作尽量快速而安静，减少脚掌与地面的接触时间。

5. 直腿跑

可以用于发展髋部肌群力量，提高踝关节肌群弹性力量。主要是通过膝关节伸直跑进，脚尖提起进行练习，用前脚掌与地面的快速接触，髋部肌群用力向前“拉”动身体。

第三节　耐力素质发展与训练

耐力是评定运动员体能素质水平高低的重要指标之一，从事任何运动项目的训练和比赛都需要具备一定的耐力水平。因此，各高校教练员应该对高水平运动员的耐力素质给予高度的重视，同时在一般的体育课教学中，也应将耐力素质作为重要的环节进行训练。

一、耐力素质的概念

耐力素质是指人体在长时间工作或运动中克服疲劳的能力，它是反映人体健康水平或体质强弱的重要标志之一，在人体体能素质中占据着极为重要的位置。耐力素质可以单独体现也可以与其他身体素质相互配合，如力量、速度、柔韧等，形成力量耐力和速度耐力。

在长时间的运动后，机体会产生一定的疲劳，并令其工作能力暂时性下降，而耐力则在这个时候体现。机体在长时间的工作后会伴随着大量能量物质的消耗，如果没有及时补充，疲劳会很快出现。但是疲劳也是提高机体工作能力的必经途径，正是通过疲劳的刺激，人体的机能才会得到提高。因此，提高耐力素质与克服疲劳的能力相关。没有疲劳的训练就不是真正的训练，达不到训练效果。在学校的体育教学中，指导学生克服疲劳的过程就是发展耐力素质的过程。

二、耐力素质的分类

每一种运动项目对耐力素质的要求和标准都不尽相同，因此对耐力的分类也具有不同的方式。在各种运动项目中，机体耐力素质可以按照以下标准进行分类。

(一)按运动时间分类

1. 短时耐力

一般而言,将运动持续时间超过45秒并未到2分钟所需的耐力称为短时耐力。在完成这类运动的过程中,会产生较高的氧债,这类运动的运动成绩受机体力量与速度耐力素质的影响较大。

2. 中等时间耐力

运动持续时间在2～8分钟的运动所需的耐力称为中等时间耐力。这一类运动的负荷强度一般要大于长时间的耐力项目。运动中,氧不能完全满足机体的需要,会产生一定的氧债。造成这种情况主要是因为无氧系统与运动速度成正比的关系。也就是说,在运动中机体对氧的吸收和利用的能力,可以对机体的运动能力产生直接的影响。

3. 长时耐力

运动持续时间超过8分钟的运动所需的耐力称为长时耐力。这类运动是由氧系统完成供能的,是对心血管和呼吸系统进行高度动员的运动类型。长时间耐力有长跑、马拉松、长距离的游泳等。通常在此类运动过程中人体的心率可达到170～180次/分钟,心输出量为30～40升/分钟,脉通气量可达到120～140升/分钟。

(二)按氧代谢分类

1. 有氧耐力

有氧耐力是机体在氧气供应充分的情况下,坚持长时间运动的能力。有氧代谢能力实际上就是机体对氧气的吸收、运输和利用能力的总体表现。想要提高有氧耐力就要分别提高以上三种能力,比如提高自身输送氧气的能力、新陈代谢能力等。大多数的球类运动项目和马拉松、越野跑、长跑、长距离竞走等长时间运动项目都需要有较高的有氧耐力水平。

2. 无氧耐力

无氧耐力是机体在氧供应不足的情况下，坚持长时间运动的能力。一般情况下，无氧耐力运动项目的氧供应很难满足机体的运动需要，机体会在无氧条件下进行运动，产生较大的氧债，而这类运动所产生的氧债，一般都需要在运动结束后才能得到偿还。因此，机体进行无氧耐力练习的主要目的是提高自身抗氧债运动的能力。而在无氧耐力中，我们还可以将其分为非乳酸供能的无氧代谢和乳酸供能的无氧代谢两种形式。

3. 有氧与无氧混合耐力

有氧与无氧混合耐力是一种介于有氧耐力和无氧耐力之间的特殊耐力，进行此类运动时，机体的有氧和无氧代谢同时参与供能。通常运动的持续时间长于无氧耐力而短于有氧耐力。例如摔跤、柔道、跆拳道等对抗性项目，以及田径运动中 400 米、400 米栏和 800 米等项目都是需要有氧和无氧混合耐力。

（三）按运动项目耐力分类

1. 一般耐力

一般耐力是指机体多肌群、多系统长时间工作的能力。拥有良好的一般耐力是提高运动水平的基本要素。但是，对于不同的运动项目对一般耐力又有不同的要求。因此，进行一般耐力的训练需要考虑一般耐力与专项耐力之间的关系。

2. 专项耐力

专项耐力是指机体为了获取专项成绩，最大限度地动员机能能力，克服专项负荷所产生的克服疲劳的能力。专项耐力与运动项目的特点和需要为主要要求，因此，专项耐力都需要紧紧围绕着专项运动的需要进行训练。不同运动的专项耐力会表现有明显的区别。比如，短距离跑和自行车等项目的专项耐力表现为需要长时间保持高速运动的能力；而举重、摔跤、拳击等项目的专项耐力都需要有力量性的力量耐力和静力性耐力;球类项目的专项耐力需要在较长时间内保持大量极限动作的抗疲劳能力。通常专项耐力的训练,机体会承载较大的训练量和负荷强度,并且会随着不同训练阶段的变化,而使身体训练、技术训练的负荷总量有规律地增长。

三、耐力素质训练的基本方法

(一)有氧耐力训练方法

1. 变速跑

变速跑是指通过快跑段、慢跑段的交替进行达到训练的目的。跑步的距离根据专项任务与要求决定。一般常以 400 米、600 米、800 米、1 000 米等进行。例如中距离跑运动员常用 400 米快跑、200 米慢跑的变速或 600 米快跑、200 米慢跑的变速进行训练。

2. 定时走

以稍快的速度完成走路,一般走 30 分钟左右。

3. 定时跑

根据学生的基本条件选择进行 10 分钟、20 分钟或更长时间的定时跑。

4. 定时定距跑

规定跑步时间和跑步距离的一种训练方式。比如,要求学生在 14～20 分钟内跑 3 600～4 600 米。

5. 重复跑

重复跑是指在一定的距离、次数与强度要求下,进行重复性训练。

发展有氧耐力重复跑强度不应大，但距离应较长一些。一般重复跑距为600米、800米、1 000米、1 200米等。

6. 法特莱克跑

在跑道或者公园、公路上做变速跑训练，一般至少进行大约30分钟，或者有条件的也可跑更长时间。

7. 大步走或竞走

进行大步快走、交叉步走或几种走交替进行。每组1 000米左右，做4～6组。

（二）无氧耐力训练方法

1. 原地或行进间间歇车轮跑

原地或行进间做车轮跑。每组50～70次，做8组，组间歇2分钟。注意训练强度保持在75%～80%之间。

2. 间歇后蹬跑

行进间做后蹬跑。每组30～40次或60～80米，重复6～8次，间歇2～3分钟。强度为80%。

3. 高抬腿跑转加速跑

行进间高抬腿跑20米左右转加速跑80米。重复5～8次，间歇2～4分钟。强度为80%～85%。

4. 原地间歇高抬腿跑

该练习是发展非乳酸性无氧耐力的有效方式，要求每次做5秒钟、10秒钟、30秒钟的快速高抬腿练习，做6组，间歇2分钟。强度在90%～95%。发展乳酸性无氧耐力，做1分钟练习，或100次为一组，做6组，每组间歇2分钟。

5. 间歇接力跑

分组练习，按照教师的口令，每人跑 200 米交接棒。每人重复 8 次练习。

6. 间歇行进间跑

行进间跑距为 30 米、60 米、80 米、100 米等。计时进行。每组 2～3 次，重复 3～4 组，每一次间歇 2 分钟，组间歇 3 分钟，强度为 80%～90%。

（三）混合耐力训练方法

1. 反复跑

每组反复跑 150 米、250 米、500 米之间距离，4～5 次。每组练习之间休息约 20 分钟。要求以预定的时间跑完全程。也可以采用专项的 3/4 距离进行练习。要求学生在训练时采用 80%以上的强度。

2. 间歇快跑

以接近 100%强度跑完 100 米后，接着慢跑 1 分钟，间歇练习。快慢方式对照组成一组。反复训练 10～30 组。要求根据练习者实际情况增减和调整训练负荷。训练中要求尽全力完成训练。

3. 短距离重复跑

进行 300～600 米距离的重复跑练习，练习强度保持在 80%～90%。学生在训练时，要注意速度分配的准确性，可以采用全程或半程的速度分配计划。

4. 力竭重复跑

采用专项比赛距离，或稍长距离，以 100%强度全力跑若干次。每次之间充分休息。短跑大学生运动员可采用 30 米。中距离跑大学生运动员可以采用 800 米或 1500 米距离。

5. 俄式间歇跑

即固定练习中间的休息时间，随着训练水平的提高逐渐缩短中间休息时间。训练时要求学生在400米练习中，用规定速度跑完100米后，休息20～30秒，如此循环反复训练。随着训练的进行，把休息时间调整为15～25秒钟。

（四）专项耐力训练

专项耐力训练是以专项的最大限度要求为训练依据，目的是充分发展人体的专项运动耐力，并建立必要的专项耐力储备。不同的运动对专项耐力有不同的要求，不同的运动项目专项耐力的表现又具有不同的特点。因此，为了发展专项耐力，就必须根据各个项目的专项特点，选择适宜的训练内容、方法和手段，由于涉及较多的专业性，专项耐力多是针对竞技运动员的训练方法，对于普通院校的体育教学来说只要有所了解即可。

第四节　柔韧素质发展与训练

柔韧素质是人体的一项重要身体素质，它是竞技运动的必备素质能力，对于普通运动爱好者或者体育教学，可以对柔韧进行适当的训练，无论是提高运动能力还是提高身体机能都具有积极意义。科学地进行柔韧素质训练，对提高人体的活动能力、运动技术水平和创造优异成绩非常必要。

一、柔韧素质的概念

柔韧素质是指人体各个关节活动范围及肌肉、韧带的伸展能力，即人体一定关节大幅度完成动作的运动能力。柔韧素质包括两个方面的含义，一是关节活动幅度的大小，二是跨过关节的肌肉、肌腱、韧带等软组织的伸展性。而关节的活动幅度主要由先天条件决定，关节的肌肉、肌腱、韧带等软组织的伸展性则主要通过训练获得。

有必要指出的是，学生需要明确柔韧素质与柔软性二者的区别：柔韧素质要求柔中有刚，刚柔相济；而柔软性只是柔与软的结合，柔中无刚。因此，柔韧素质而非柔软性是保障各种运动项目提高运动技能的主要因素之一。

二、柔韧素质的分类

(一)根据专项分类

1. 一般柔韧素质

一般柔韧素质是指适应一般身体、技术、战术等训练所需要的柔韧素质。由于不同的体育运动项目或不同体育运动项目的各个动作对身体各主要关节部位活动范围有不同程度的要求，因此往往将身体最主要关节的活动能力视为一般柔韧素质。

2. 专门柔韧素质

专门柔韧素质是指专项运动所需要的特殊柔韧素质，它是掌握与提高专项运动技术不可缺少的一项身体素质。它建立在一般柔韧性基础上，并由各专项动作的生物力学结构所决定。

(二)根据训练的方式分类

1. 主动柔韧素质

主动柔韧素质是指运动员依靠相应关节周围肌肉群的积极工作，完成大幅度动作的能力。主动柔韧性不仅涉及对柔韧性有直接影响的能力，而且还涉及力量素质的发展，力量素质的发展能促进主动柔韧性水平的提高。

2. 被动柔韧素质

被动柔韧素质是指借助外界的力量使身体各关节的灵活性达到最大程度的一种能力。被动柔韧素质是发展主动柔韧素质的潜在能力，它是发展主动柔韧性的基础。

三、柔韧素质训练的基本方法

（一）颈部柔韧素质训练

1. 前拉头

学生站立或坐立，双手在头后交叉。呼气，缓慢地向胸前方向拉头部，努力做到以下颌接触胸部，同时双肩下压，动作幅度尽可能大，坚持动作 15 秒钟为一组练习，重复 3 次。

2. 后拉头

学生站立或坐立，慢慢地向后仰头，把双手放在前额，缓慢后拉颈部。注意动作一定要轻缓，保持 15 秒钟左右结束该动作。

3. 侧拉头

学生站立或坐立，左臂在背后屈肘，右臂从背后抓住左臂肘关节。将左臂肘关节向右拉过身体中线。呼气，将右耳贴到右肩上，尽可能大地拉开幅度，保持 15 秒钟。

（二）肩部和背部柔韧素质训练

1. 单臂开门拉肩

在一扇打开的门框内，学生双脚前后开立，拉伸臂肘关节外发展到肩的高度。拉伸臂前臂向上，掌心对墙。呼气，上体向对侧转动拉伸肩部。努力使动作幅度增大，并保持 15 秒钟。

2. 向后拉肩

学生站立或坐立，在背后双手合掌，手指向下吸气，转动手腕使手指向上。吸气，向上移动双手至最大限度，并后拉肘部。反复练习。训练时，要使动作幅度尽可能大，保持15秒钟左右结束该动作。

3. 站立伸背

学生双脚并拢站立，上体前倾至与地面平行姿势，双手扶在栏杆上，略高于头，四肢保持伸直，屈髋，呼气。双手抓住栏杆下压上体，背部成凹型动作，努力使动作幅度尽可能大，保持15秒钟。

4. 坐立拉背

学生坐立，双膝微屈，躯干贴在大腿上部，双手抱腿，肘关节在膝关节下面。呼气，上体前倾，双臂从大腿上向前拉背，双脚保持与地面接触。训练时，尽可能地增大动作幅度，保持15秒钟。

（三）臂部和腕部柔韧素质训练

1. 背后拉毛巾

学生手持一条毛巾站立或坐立。在背后双手各拉住毛巾的一头，上下摆臂，动作幅度尽可能地大，保持15秒.

2. 跪撑反压腕

学生双膝和双臂直臂撑地，双臂与肩同宽，手指向后。呼气，身体重心后移。要使动作幅度尽可能大，保持15秒。

（四）腰部柔韧素质训练

1. 卧转腰

学生俯卧在台子上，躯干上部伸出边缘之外悬空，颈后肩上扛一根木棍。双臂体侧展开固定木棍。呼气，尽量大幅度转动躯干，不同方向重复练习该动作，保持数秒，然后再回转躯干。

2. 仰卧团身

学生在垫上仰卧，屈膝，双脚滑向臀部。双手扶在膝关节下部。呼气，双手向胸部和肩部牵拉双膝，并提起髋部离开垫子。要使动作幅度尽可能大，保持15秒钟左右结束该动作。同时注意伸展膝部并保持放松。

（五）腹部和胸部柔韧素质训练

1. 俯卧背弓

学生俯卧在垫上，屈膝，脚跟向髋部移动。吸气，双手抓住踝。臀部肌肉收缩，提起胸部和双膝离开垫子。努力拉大动作幅度，保持15秒。

2. 跪立背弓

学生在垫上跪立，脚尖向后。双手扶在臀上部，形成背弓，臀部肌肉收缩送髋。呼气，加大背弓，头后仰，逐渐把双手滑向脚跟。动作幅度尽可能拉大，保持15秒左右。

（六）髋部和臀部柔韧素质训练

1. 弓箭步压髋

学生弓箭步站立，前面腿膝关节成90°，后面腿脚背触地，脚尖向后。双手叉腰。屈膝降低重心，后面腿的膝触地。呼气，下压后面腿髋部。换腿重复练习，注意动作幅度尽可能的大并保持15秒。

2. 身体扭转侧屈

学生直立，左腿伸展、内收，在右腿前尽量与其交叉。呼气的同时躯干向右屈，双手尽力接触左脚跟。两侧交替练习，在动作最大幅度时保持 15 秒。

3. 仰卧髋臀拉伸

学生仰卧在台子边缘，从台子上移下外侧腿悬重空中。吸气，台子上的内侧腿屈膝，用双手抱膝缓慢拉向胸部，在动作幅度最大时保持 15 秒。

（七）大腿内侧柔韧素质训练

1. 体侧压腿

学生侧对一个约与髋同高的台子站立，两脚与台子平行。将一只脚放在台子上。双手在头上交叉，呼气，向台子方向体侧屈。在动作最大幅度时保持 15 秒，双腿交替练习。

2. 直膝分腿坐压腿

学生双腿分开坐在地面，呼气，转体，上体向前努力贴近一条腿，充分伸展双腿和腰部，在动作幅度最大处保持 15 秒。

3. 顶墙坐拉引

学生臀部顶墙坐在地面，双腿体前屈膝展开，脚跟和脚掌相对。双手握住双脚脚掌尽量向腹股沟方向拉。上体缓慢直背前倾，在动作幅度最大时保持 10 秒钟结束该动作。

（八）大腿前、后部柔韧素质训练

1. 站立拉伸

该练习需要两名同学一组协助进行。一名学生背贴墙站立，吸气，直膝抬起一条腿。同伴抓住练习同学的踝关节，帮助上举。上举腿时慢慢呼气，并在动作幅度最大处保持 15 秒。

2. 坐拉引

学生坐在地面，双腿向前尽量伸展，双手在髋后部地面支撑。一条腿屈膝，用一只手抓住脚跟内侧。呼气，屈膝腿逐渐伸展，直到与地面垂直，在动作幅度最大时保持15秒。

第五节 灵敏素质发展与训练

灵敏素质是一种复合运动素质，主要体现在运动技能、神经反应和各种身体活动能力的综合运用上。许多运动都需要相应的灵敏素质，因此，灵敏素质一直都是体育教学中的重要组成部分。通过训练，要求学生能够迅速对动作进行准确的判断，并启动灵活、快速的应变动作。总之，灵敏素质的训练是大学生运动训练的基本素质。

一、灵敏素质的概念

灵敏素质是指人体能够快速、协调、敏捷、准确地应对条件的突然改变，并完成相应动作的能力。它是学生运动技能、神经反应和各种身体素质的综合表现。

灵敏素质对于不同的运动项目，具有不同的作用，并且，灵敏素质不是单独存在的，而是与其他素质综合发生作用。它建立在力量、速度、耐力、柔韧等多种素质和技能之上的。

比如，灵敏可以通过爆发力来控制身体的加速或减速；通过爆发速度，控制身体移动、躲闪、变换方向的快慢；通过柔韧保证力量、速度的发挥；通过耐力保证机体持久的、高效的工作能力。

根据这些素质的综合运用和动作技能掌握的熟练程度，在中枢神经支配下，才能灵活地运用，使其动作不断地完善和技能的不断提高。因为神经反应决定了反应速度的快慢、判断是否准确及做出应答动作的快慢。因此，反应迅速、准确判断和应答是灵敏素质的先决条件，各素质协同配合是完成应答动作的基础。学生的身体素质的某一项得到了发展，并熟练地掌握了运动技能，灵敏素质就能得到充分的发展和提高。

二、灵敏素质的分类

根据体能训练目的和项目类型的不同，通常将灵敏素质分为一般灵敏素质和专项灵敏素质。

（一）一般灵敏素质

一般灵敏素质，是指在各种活动中，人体在突然变换条件下，迅速、准确、合理完成各种动作的能力。它是灵敏素质发展的基础。

（二）专项灵敏素质

灵敏素质具有明显的项目特点，必须根据专项技能的特性，发展专项灵敏素质。各专项体能训练对灵敏素质有着不同的要求。比如，球类项目和格斗类项目的动作变化较多，没有固定的动作模式，需要运动员根据实际情况随机应变，从而改变动作的方向、速度、身体姿势，主要强调反应、判断、躲闪、移动、随机应变、动作敏捷等能力。而体操、跳水等运动项目则侧重要求快速改变身体位置、空中翻转、时空感、节奏感和控制身体平衡等方面的能力专项灵敏素质。总之，专项灵敏素质是在一般灵敏素质的基础上，经过多年重复技战术训练的结果。

三、灵敏素质训练基本方法

（一）一般灵敏训练

(1)在游戏中进行，做迅速改变跑或跳的方向，以各种躲闪、突然起动或者急停掉头完成训练。

(2)听指令快速调整身体方位。

(3)做专门的训练游戏，如用“之字跑”“躲闪跑”“穿梭跑”和“立卧撑”，可以单独做一个项目也可以四个结合起来一起练习。

(4)在常规训练中进行反向练习，如侧向或倒退跳远等。

(5)通过限制完成动作的空间来进行训练，如在迷你的球类运动场进行训练。

(6)在常规训练中通过改变动作频率或逐步增加动作的频率的方式进行训练。

(7)做各种变换方向和速度的追逐类游戏，教师规定多种复杂的信号以训练学生的应答反应能力。

另外，专项灵敏素质的训练须从专项特点出发，可以综合发展反应、平衡、协调等能力。

(二)反应能力训练

(1)按照教师的口令做出相反的动作。

(2)在复杂口令中做动作，比如“做 14＋19－8 个高抬腿跑”等。

(3)原地、行进间或跑步中听口令做动作。

(4)一对一反向模仿。

(5)一对一抢对方后背号码。

(6)听复杂信号做急跑、急停并追逐伙伴的游戏训练。

(7)以站立式、背向、蹲、坐、俯卧撑等姿势起跑。

(8)追逃游戏、抢占空位、打野鸭、抢断篮球等游戏。

(三)平衡能力训练

(1)两人一组相向单腿站立，双手直臂相触，虚实结合相互推，使对方失去平衡。

(2)两人一组各站在平衡板上，相互投球练习。

(3)各种站立平衡，如俯平衡、搬腿平衡、侧平衡等。

(4)头手倒立，如肩肘倒立、手倒立停一定时间。

(5)在肋木上横跳、上下跳训练。

(6)原地转 4 圈后听口令追逐游戏。

(7)在平衡木上做蹲起、拍球等动作。

(8)发展旋转的平衡能力训练。跳转 360°后，保持直线运行。或者闭目原地连续转 5～8 周，然后闭目沿直线走 10 米，再睁眼看自己走的方向是否准确。

(四)协调能力训练

(1)一对一背相互挽臂蹲跳进、跳转。

(2)多种徒手操训练,比如做一些瑜伽和体操的经典动作。

(3)双人头上拉手向同方向连续转。

(4)跳起体前屈摸脚。

(5)做不习惯方向的动作。

第七章　学生运动专项体能水平的提升与训练研究

学生参与各个运动项目，除了要具备良好的基础体能素质外，还应具备一定的专项体能，通过专项体能训练能够提升运动技术水平，反过来，通过技术练习也能提升专项体能素质，所以说专项体能与专项运动技术水平是相辅相成、相互作用的。本章研究学生运动专项体能训练，主要包含游泳、田径和球类运动的专项体能训练方法，通过设计科学有效的训练方法和手段来提升学生的专项体能水平和运动技能水平。

第一节　游泳专项体能训练

一、游泳体能训练的特点

（一）影响游泳成绩的体能因素

作为一种典型的体能类项目，游泳运动成绩主要由运动员的专项体能水平和游泳技术水平所决定。游泳是一个大项，根据游泳距离、游泳姿势的不同，可以将其划分为若干不同的小项，不同小项对运动员的体能要求是有差异的，各有侧重。而且不同的游泳强度也对游泳运动员的体能素质提出了不同的要求。

游泳运动员的身体形态呈现出鲜明的特征，大多游泳运动员拥有高大的身材、修长的四肢，整体来看，身体呈“流线型”姿态。独特的身体形态使运动员在水中游泳时浮力大、阻力小。此外,游泳运动员的瘦体重占较大比例,拥有强大的心肺功能和良好的供氧供血能力。这表明游泳运动员拥有较高的机能储备水平和较强的机能储备动用能力。游泳比赛是参照游完规定距离所用的时间长短来评定成绩的,所以说游泳比赛比的是游进速度,机能储备水平高、机能储备动用能力强的游泳运动员在游泳比赛中往往能够取得好成绩。

游泳运动属于典型的周期性运动项目。游泳运动员在比赛中用规定的游泳姿势,以不断重复的若干游泳幅度完成一定距离。这里所说的游泳幅度是由手臂划水动作、腿部打水动作以及全身配合动作构成的。游泳运动员每次向前推进一定的距离都是靠完成游泳幅度而实现的。游泳幅度的速度指的是运动员向前推进的水平距离与所用时间之比。游泳比赛中,规定距离内完成的所有动作周期的平均速度强度即为速度耐力强度。对游泳运动员而言,速度耐力就是其所必备的专项耐力,是非常重要的专项体能素质之一,不同游泳项目对运动员的速度耐力又有不同的要求。游泳运动员的心血管耐力水平和骨骼肌工作的肌肉力量耐力水平这两大运动生物学因素对其速度耐力起到决定性影响。

游泳运动员的成绩与其手臂划水的频率息息相关,运动员神经肌肉反射时间是影响其划水频率的主要生理学因素,对不具备这方面良好因素的运动员来说,频次的增加较为困难,需要在增加划水长度上下功夫,这就需要加强专项力量素质训练和协调能力训练。

游泳是水中运动项目,特殊的运动环境和高强度身体运动对运动员的能量代谢水平、供能水平均提出了很高的要求。游泳运动员的能量代谢类型、代谢强度级别主要与游泳距离、游泳姿势以及游泳技能水平等因素有关,其中游泳距离的影响最为明显,不同距离的游泳比赛项目对运动员的专项体能、供能水平有不同的要求和不同的侧重,如短距离项目对运动员速度力量、无氧供能能力的要求很高;中距离项目对运动员耐乳酸无氧能力、最大吸氧量有氧能力、大强度肌肉耐力的要求很高;长距离项目对运动员的有氧能力、肌肉耐力的要求很高。因此,从事不同游泳专项的运动员在体能训练中既要注意训练的全面性,又要有所侧重,针对影响比赛成绩的体能因素而强化关键体能素质的训练。

游泳运动员的专项体能归纳起来有:专项身体形态;心血管系统机能能力,主要指有氧耐力和无氧耐力;神经支配下的骨骼肌系统机能能力,主要指工作肌群的速度、力量和力量耐力;上肢、下肢、脊柱等关节的柔韧性及技术动作操作的协调性，等等。

（二）游泳体能训练的独特性

游泳运动员体能训练是游泳训练中的重要组成部分，运动员既可以在陆上训练，也可以在水中训练，一般身体训练以陆上训练为主，侧重于对肌肉力量、速度、耐力和关节柔韧性等一般身体素质的训练，专项身体训练以水中训练为主，侧重于肌肉耐力、心血管耐力的训练，并促进游泳技术的改进。有时一些无法在水中完成的专项体能训练需要在陆上完成。因此在游泳体能训练实践中往往需要将陆上训练和水中训练结合起来。

现代游泳体能训练要坚持一般与专项相结合的原则，通过陆上训练、水中训练及水陆结合训练来解决一般体能和专项体能发展的问题。

例如，在游泳力量训练中，陆上训练主要采用拉力练习法，练习中不断变化强度，具体练习手段要以运动员的游泳技术水平为依据而设计；水中训练要与专项游泳技术紧密结合起来，通过专项训练强化运动员肌肉工作原动力的发展。

再如，在游泳耐力训练中，不管是什么游泳项目，都强调通过对游泳负荷总量、负荷强度及强度比例的调整来发展专项耐力。在不同距离游泳项目的训练中，运动员训练负荷总量中80%以上都是有氧训练，其中无氧阈水平的有氧强度比例占40%左右，剩余负荷量中专项强度训练的比例因项目、因人而异。如此安排体能训练负荷量，既能发展游泳运动员的一般体能，又能提升其专项体能，从而促进一般体能与专项体能的有机统一、相互作用以及全面发展。

二、游泳专项力量训练方法

（一）橡胶带拉力练习

利用橡胶带进行拉力练习，模拟水中划水动作，增强肌肉力量。

1. 蛙泳划臂

（1）准备姿势
橡胶带系在横梁上，俯身，双手抓橡胶带两端。

(2)练习要领

两臂像游蛙泳一样同时“划水”。

(3)练习提示

根据器材弹性和实际情况调整拉橡胶带的长度,共5组,每组30次左右,或每次45秒,共5次。

2. 蝶泳、自由泳划臂

(1)准备姿势

橡胶胶带系在横梁上,俯身,双手抓橡胶带两端。

(2)练习要领

两臂像游蝶泳或自由泳一样“划水”,同时划或交替划。

(3)练习提示

根据器材弹性和实际情况调整拉橡胶带的长度,每次45秒,共5次。

3. 仰泳划臂

(1)准备姿势

橡胶带系在横梁上,手臂伸展,双手抓胶带两端。

(2)练习要领

两臂像游仰泳一样“划水”,同时划或在体侧交替划。

(3)练习提示

根据器材弹性和实际情况调整拉橡胶带的长度,每次45秒,共5次。

4. 重点动作环节练习

(1)准备姿势

橡胶带系在横梁上,俯身,双手抓橡胶带两端。

(2)练习要领

通过拉力练习模仿水中划水动作,尤其是抱水、推水等重要动作。

(3)练习提示

共5组,每组30次左右。

(二)牵引水桶训练

在身上绑一个适宜重量的水桶，负重快速游进，以强化肌肉力量。水桶重量以 6 千克为宜，练习距离以 25 米最佳，短距离练习能够有效增强练习者的爆发力和无氧耐力。

(三)水槽训练

在水槽中的固定位置进行最大速度的游泳练习，保持快速游进节奏。指导者在池边观察和指导，用声音或手势反馈问题，练习者根据反馈及时调整游速。每次持续 30 秒，共 10～18 次，间歇 2～3 分钟。

三、游泳专项速度训练方法

(一)牵引训练

牵引训练是游泳专项速度训练的重要方法，通过牵力诱导，最大程度地提高动作速度，从而提升游进速度。牵引训练最多重复 10 次，练习距离以 30～40 米为宜。训练中采用的速度比练习者的最高速度还要快，但也不能过快，否则会影响练习者的速度感，使其被动游进。

(二)短冲训练

短冲训练以磷酸原供能为主，是提升无氧代谢能力和游进速度的重要手段。练习时，每组蹬边 10～25 米，出发 15～25 米，重复 5 组，间歇 1 分钟。通过训练。

(二)转身速度训练

1. 专门转身动作训练

连贯练习转身动作，如在与池壁相距 10 米的位置练习转身，重复多次练习。

2. 综合转身动作训练

进行完整的游泳练习，游进过程中多转身几次，动作要快、准，提高转身动作速度和动作质量。

四、游泳专项耐力训练方法

（一）专项有氧耐力训练

1. 长距离训练

（1）以爬泳姿势匀速或变速游 3 000 米。

（2）方式：爬泳；距离：10×400 米；时间：每组 5 分 20 秒包干（游泳时间 4 分 50 秒＋休息 30 秒）。

（3）方式：爬泳；距离：20×200 米；时间：每组 2 分 45 秒包干（游泳时间 2 分 30 秒＋休息 15 秒）。

（4）方式：爬泳；距离：5×1 000 米；时间：每组 13 分钟包干（游泳时间 12 分半＋休息 30 秒）。

以上训练也可采用爬泳与仰泳交替的方式进行，泳姿转换不得影响游泳技术。

2. 间歇训练

（1）慢速间歇训练

用比比赛速度较慢的速度完成反复游练习，间歇时间比练习时间少，在心率未完全恢复时再次练习。

例如，若 200 米自由泳成绩为 2 分 04 秒，每 50 米平均成绩是 31 秒，采用 30×50 米反复游练习，每个 50 米成绩要求 34 秒，间歇时间 10 秒，每次练习后心率达到 140 次/分，恢复到 106 次/分开始下一次练习。

（2）改变间歇反复游

以中低强度游规定距离，反复练习，不断调整间歇时间。例如，8×200 米反复游，要求每个 200 米游 2 分 20 秒，间歇 1 分 30 秒，之后每次练习结束后间歇时间变化一次(增/减5秒)。

(3)变换距离反复游

变化练习距离,间歇时间不变,示例如下:

练习距离增加,50米～100米～200米～400米,间歇不变。

练习距离减少,400米～200米～100米～50米,间歇不变。

练习距离递增再递减,50米～100米～200米～400米～200米～100米～50米,间歇不变。

(4)变换距离和间歇时间反复游

练习距离和间歇时间不固定,例如:

距离:100米,间歇:1分钟;

距离:200米,间歇:1分30秒;

距离:400米,间歇:2分钟;

距离:800米,间歇:3分钟;

距离:2×400米,间歇:2分钟;

距离:4×200米,间歇:1分钟;

距离:8×100米,间歇:30秒。

(二)专项无氧耐力训练

1. 短冲训练

短冲训练是以最快速度全力完成训练,以无氧供能为主,有助于发展速度素质,尤其是绝对速度。

训练方法示例:

12.5米:90%～100%速度　间歇时间12～25秒

90%～95%速度　间歇时间8～10秒

25米:95%～100%速度　间歇时间30～40秒

90%～95%速度　间歇时间25～35秒

50米:95%～100%速度　间歇时间60～90秒

90%～95%速度　间歇时间50～80秒

2. 重复训练

以无氧代谢为主,侧重发展速度耐力。

方法示例：

发展速度：4×50 米全速游或逐个加速游。

发展速度耐力：4×100 米，3×200 米，(2～4)×400 米，间歇 3～5 分钟，强度 95%～100%。

3. 变速训练

在变速训练中，每次完成规定距离时，后半程速度要比前半程速度快。

方法示例：

(1)距离 10×400 米，以 90%的强度完成每个 400 米，每个 400 米中，后 200 米的游速快一些，如 400 米自由泳，前后 200 米的成绩分别是 2 分 12 秒和 2 分 8 秒。

(2)距离 4×200 米，游第一个 200 米，最后 50 米的速度比前面速度快，游第二个 200 米时，后 100 米的速度比前面速度快，游第三个 200 米时，后 150 米的速度比面速度快，游第四个 200 米时，用最大速度游完全程。

五、游泳专项柔韧训练方法

(一)臀部内收肌伸展练习

(1)两脚开立，距离同肩宽。

(2)左腿缓慢屈膝，重心顺势移向左脚，臀部后座，同时右腿向右侧跨一步，体会右腿大腿内侧肌肉拉伸感。

(二)4 字形伸展练习

(1)仰卧在垫子上，抬左腿向上伸直，右腿屈膝置于左膝上，整个身体形态看起来像数字 4。

(2)双手抓左腿膝部，用力向胸前拉，体会臀部内侧的拉伸感。

(三)站式股四头肌伸展练习

(1)自然站立，重心在左脚，右腿向后屈膝抬起，右手抓右脚。

(2)将右脚拉向臀部，体会大腿前侧肌肉的拉伸感。

(3)右膝稍向右后方转动，增加伸展力度。

（四）坐式腹股沟伸展练习

(1)坐在泳池边,屈膝外展,脚掌相对,放于身前。
(2)双手抓住两脚脚尖,肘放在膝上。
(3)胸部缓慢靠近双脚,同时肘关节向下按压膝。

（五）流线型伸展练习

(1)两脚开立,手臂向上举过头顶,两臂夹头,手背贴紧。
(2)腰缓慢向右侧屈,拉伸左侧后背肌肉。
(3)还原,再向左侧屈,体会右侧后背肌肉拉伸感。

第二节　田径专项体能训练

一、短跑项目专项体能训练

（一）力量训练方法

1. 上肢力量练习

(1)俯卧撑,每组 40 次左右,共 3 组。
(2)持哑铃摆臂,每组 80 次左右,共 3 组。
(3)拉力器练习,每组 8～10 次,共 3 组。
(4)杠铃平推,每组 10～15 次,共 4 组。
(5)杠铃卧推,每组 10～15 次,共 4 组。

2. 躯干力量练习

(1)负重俯卧挺身,强度 50%,每组 10～15 次,共 3 组。
(2)负重仰卧起,强度 40%,每组 5～10 次,共 2 组。
(3)负重体前(侧)屈,强度 30%～40%,每组 10～15 次,共 5 组。

3. 腿部力量练习

(1)深蹲,强度80%,每组5次,共5组。
(2)负重提踵,强度80%,每组8次,共5组。
(3)半蹲跳,强度60%,每组8次,共5组。
(4)垫上俯(仰)卧屈小腿,每组每侧腿各30～50次,共4组。
(5)拖重物跑,强度40%,每组20次,共5组。

4. 全身爆发力练习

(1)抓举,强度60%,每组6次,共5组。
(2)挺举,强度80%,每组6次,共5组。
(3)连续快挺,强度60%左右,每组8次,共5组。
(4)高翻,强度80%左右,每组8次,共5组。

(二)速度训练方法

1. 位移速度练习

(1)站立式起跑,用最大强度跑30米、50米、80米、100米,距离逐渐增加。
(2)蹲踞式起跑,用最大强度跑30米、50米、60米,距离逐渐增加。
(3)加速跑,距离80～120米,最后加速到极限强度。
(4)行进间跑,用最大强度跑20～50米,距离逐渐增加。
(5)两人一组追逐跑,距离30～60米。
(6)加助力跑,如顺风跑、下坡跑,距离灵活设置。
(7)加阻力跑,如上坡跑、负重跑,距离灵活设置。
(8)测验跑、检查跑,形式多样。

2. 反应速度和动作速度练习

(1)篮、足、排等球类运动练习。
(2)听信号起跑练习。
(3)锻炼反应能力的游戏练习。

(4)快速摆臂练习,持续 5～20 秒。

(5)高频率小步跑 30 米。

(6)快速高抬腿跑或半高抬腿跑,跑的形式有多种,持续 5～10 秒。

(7)快速单足跑,距离 30～60 米。

(8)快速跨步/后蹬跑,距离 50～100 米。

二、中长跑项目专项体能训练

(一)力量训练方法

1. 快速力量练习

(1)起动力练习

楼梯跑、沙地跑、上(下)坡跑、负重加速跑、站立式起跑(短程)、顺风跑、牵引跑等。

(2)爆发力练习

练习手段有快挺、卧推、立定跳、提踵、深蹲、高翻、半蹲等,强度 30%～50%,(3～5 组)×(5～10 次),练习时动作速度要快。

2. 最大力量练习

练习内容有半(全)蹲、快挺、高翻、负重交换跳/提踵/高抬腿/体前屈/转体等。

采用上述练习内容时,练习方式主要有以下几种。

(1)重复法

强度 75%～90%,完成 6～8 组,每组 3～6 次,间歇 3 分钟。

(2)精力训练法

强度 70%～90%,完成 3～6 组,每组 4～6 次。间歇 3 分钟。

(3)极端用力法

强度 50%～75%,完成 3～5 组,每组 10～12 次,间歇 3～5 分钟。

(4)强度法

强度 85%～100%,完成 6～8 组,每组 1～3 次,间歇 3 分钟。

3. 力量耐力练习

(1)上坡跑。
(2)循环练习法。
(3)电刺激练习法等。

(二)速度训练方法

1. 反应速度练习

(1)听信号站立式起跑练习,距离 30 米,重复 10 次。
(2)听信号俯卧起跑,距离 30 米,重复 10 次。
(3)听信号仰卧起跑,距离 30 米,重复 10 次。
(4)看手势反复移动跑。
(5)练习者紧闭双眼,同伴在其周围放小的标志物,如海绵垫等,然后在远处击掌,练习者迅速睁眼寻找标志物。

2. 动作速度练习

中长跑动作速度练习中,练习时间与能量供应系统规定的时间有关,以提升最佳跑速为目的的练习,每次练习时间不短于 30 秒,以提升专项速度为目的的练习,练习时间依据练习内容和练习方式而定。

中长跑动作速度练习方法如下。
(1)高抬腿、快速摆臂、各种跳等练习,这些练习都要规定时间。
(2)练习各种跳,每一种跳的方式都要规定次数。
(3)仰卧高抬腿,加快速度。
(4)原地支撑后蹬跑,加快频率。
(5)行进间加速跑/后蹬跑/高抬腿跑。

(三)耐力训练方法

1. 重复跑

重复跑练习既能锻炼速度,也能促进专项耐力的提升。在中长跑耐力训练中选择重复跑练习方式时,练习距离可以根据情况而不断延长,因此说练习距离范围很广，既可以进行1 000米以内的重复跑练习，也可以进行几千米的重复跑练习，甚至高水平练习者可以进行1万米的重复练习。

运用重复跑练习方式时，要注意所选段落不能比专项距离长，进行超长距离练习时，所选段落只要超出专项距离几百米就可以了，不宜超得太多。重复跑的距离比较长，为了避免过度疲劳，促进恢复，组间间歇时间也要适当延长，一般以10～20分钟为宜。

重复练习的运动处方可参考表7-1。

表7-1 重复训练参照表①

练习目的	练习强度	练习时间	间歇时间	重复次数
提高有氧耐力	最大强度、大强度	8～15分钟	中、长	少
提高无氧耐力	极限强度、最大强度	2～100秒	短	少
提高混合耐力	最大强度、大强度	2～10分钟	中	少
提高专项耐力	大强度	15秒～1分钟	长	少
提高专项速度	最大强度、大强度	15～30秒	短、中、长	少

2. 持续跑

持续跑练习中，强度以最大负荷的60%～70%为宜，每次至少持续半小时。练习处方参考表7-2。

表7-2 持续训练参照表②

练习目的	持续时间	强度	心率(次/分)
恢复体力	30～50分钟	小强度	120～150
提高有氧耐力	50～90分钟	中等强度	150～180
提高力量耐力	不能再做为止	小、中等强度	120～150～180
提高承受大负荷的能力	90～120分钟	小、中等强度	120～150～180

① 龙春生．体能训练法[M]．沈阳：辽宁大学出版社，2009.

② 王佳，沈阳，陆永华．基于健身目的的体能训练理论与方法[M]．长春：吉林大学出版社，2011.

3. 间歇跑

采用间歇跑的方式锻炼耐力时，要注意完成第一次练习后不宜间歇太长时间，不能等身体完全恢复了再进行下一次练习，而应在身体没有完全恢复的状态下开始新的练习，练习处方参考表 7-3。

表 7-3　间歇训练方式①

练习目的	练习时间	练习强度	间歇时间	重复次数
提高有氧耐力	8～15 分钟	小强度	长	较少
提高无氧耐力	8 秒～2 分钟	最大强度或大强度	短	多
提高混合耐力	2～8 分钟	中等强度	中	中
提高专项耐力	8 秒～15 分钟	大强度	短、中、长	少、中、多
提高力量耐力	8 秒～15 分钟	中等强度	短、中、长	多

三、跳远项目专项体能训练

学生参加跳远运动，要在高速助跑的基础上快速有力地起跳，最后落在距离起点一定距离的位置。这对学生的力量、速度、反应能力等都提出了很高的要求，而且要求学生神经肌肉协调性好，在起跳时能够将全身力量汇集到一起，达到一定的远度。在跳远训练中，关键要解决如何通过改进速度、完善技术而取得理想的运动成绩。

田径运动中的跳远项目具有跑跳结合的特征，学生参与这项运动，要具备良好的体能素质，包括力量、弹跳爆发力、反应速度以及灵敏和协调能力等。因此学生在跳远专项体能训练中，既要全面发展一般身体素质，又要特别重视快速起跳能力的提升和速度的改进。只有拥有良好的专项身体素质，才能既跑得快，又跳得远。

下面主要分析跳远项目的专项力量、专项速度和专项灵敏与协调性训练方法。

① 王佳，沈阳，陆永华．基于健身目的的体能训练理论与方法[M]．长春：吉林大学出版社，2011.

(一)力量训练方法

1. 绝对力量练习

(1)上肢力量练习

利用器械进行挺举、抓举、哑铃摆臂等练习。

(2)下肢力量练习

负重条件下进行体前屈、全蹲、半蹲、快蹲等练习。

(3)腰腹肌力量练习

负重条件下进行仰卧起坐/举腿等练习。

2. 快速力量练习

练习方式主要有单/双脚跳、纵跳、跳台阶、跳栏架、障碍跳、跨步跳等。学生既可以徒手练习,也可以手持杠铃或脚绑沙袋等进行负重条件下的练习。

3. 弹跳爆发力练习

弹跳力对跳远运动的参与者来说是一种综合力量体现,学生应该结合跳远的技术动作结构和专项特征进行弹跳爆发力训练。在练习过程中要注意以爆发的速度完成动作,在快速运动中要保持身体平衡,身体协调用力帮助完成由跑到跳的运动形式转换。反复练习跳远技术也是锻炼弹跳爆发力的有效手段。

跳远专项弹跳爆发力的训练方法如下。

(1)触胸跳练习,跳起后尽量让膝盖靠近胸部。

(2)跳起后腿向前伸。

(3)跳起后两腿前后分开。

(4)两脚交替进行长短距跨步跑练习。

(5)快速收腹举腿。

(6)跳跃跑,跑跳过程中向前踢腿。

(7)将实心球夹在两脚间,起跳将球抛向前上方。

（二）速度训练方法

跳远专项速度训练中，以绝对速度训练为主，在绝对速度练习中也要注意对快速起跳能力、速度耐力的锻炼。学生要结合跳远项目的技术特点来加强速度素质训练，以理想的速度完成完整的跳远技术动作过程。

跳远专项速度训练方法如下。

1. 跑的练习

按短跑的技术动作要求完成练习。

2. 反复跑

反复跑的距离要适宜，在跑的过程中，因为跑段比较长，学生可能因为比较紧张或用力不当而出现动作变形、不规范的问题，因此必须严格要求动作的准确性，使身体在相对放松的情况下进行练习。

3. 行进间计时跑

跑的方式有在平坦的跑道上跑或在下坡路段上跑，也可以将两种方式组合起来。

在平道上跑时，注意动作的准确性，按短跑的技术要求跑，对本体感觉和速度节奏感予以体会。

在下坡路段上跑时，身体要适度放松，步长稳定，转入平道前的最后技术要求速度快、频率高、重心高。

4. 全程跑（控制间歇）

要求跑得既快（速度快）又准（动作正确），次数为 8 次左右，合理安排间歇。

练习中，助跑阶段要达到一定的速度，体会速度感，最高速度应在上板前就达到。

5. 踏标记跑 20～30 米

（1）练习过程中，在以正常的步长助跑 12～14 步后，步长增加 5 厘米，然后以增加后的步长跑 10～15 步，对步长与步频在高速跑动中的统一与协调予以体会。

(2)练习过程中，在以正常的步长助跑12～14步后，步长缩短5厘米，然后以缩短后的步长跑15步，快跑途中要求"三高"，表现为重心高、步频高和速度高。

(三)灵敏与协调训练方法

学生参加跳远运动，要有良好的平衡能力与空间感觉能力，这是保持良好跳跃节奏和顺利完成技术动作的基础条件。因此学生要结合专项特点有针对性地进行灵敏与协调能力训练，方法如下。

(1)操类活动练习，发展协调、平衡能力。

(2)球类练习，提升反应能力。

(3)技巧练习，提升空间定向能力。

(4)活动性游戏练习，同时灵敏和协调能力。

四、跳高项目专项体能训练

跳高技术最突出的特点是快速，这体现在助跑、起跳、过杆等各个环节，快速不仅要求动作速度快，对快速力量、动作幅度也有要求。在跳高运动中，运动员的势能主要取决于起跳时肌肉爆发用力的功率，而肌肉收缩的力量与速度水平又决定了肌肉爆发用力的功率。因此，跳高体能训练要特别重视力量训练和速度训练，力量和速度是直接影响跳高技术质量和跳高成绩的体能因素。设计跳高专项体能训练方法时，各项练习的动作用力方式、动作幅度等要与跳高技术动作保持一致。

下面具体分析跳高项目专项体能训练的内容与方法。

(一)力量训练方法

1. 徒手练习

(1)助跑跳远、立定跳远、单脚跳等跳远练习。

(2)助跑跳上、助跑摸高、纵跳摸高等跳高练习。

(3)双脚跳高凳、跳栏架等跳深练习。

2. 器械练习

借助器械进行练习，如持哑铃抡摆、蹲跳、前后抛；负重全蹲、抓举等。

跳高专项力量训练中要注意以下几点。

第一，要求动作准确，动作速度快。

第二，合理安排练习次数、组数和间歇时间。

第三，器械重量适宜。

第四，将徒手练习、负重练习等不同的练习方式结合起来进行组合练习。

第五，练习方式要与学生的实际情况相符。

第六，注意负重练习中防止动作变形的情况。

第七，在负重条件下注意动作的速度和准确性，防止动作变形。

（二）速度训练方法

跳高专项速度训练的内容包括助跑速度、起跳速度和过杆速度，各自训练方法如下。

1. 助跑速度练习

助跑速度通常包括三个方面，分别是平跑速度、弯道跑速度和弧线跑速度。在助跑速度训练中，要提升加速意识和节奏感，为助跑与起跳的连贯衔接打好基础。下面仅介绍平跑速度练习方法。

在平跑速度训练中，练习目的不同，练习方法也不同。常见练习目的及对应的练习方法如下。

(1)提高平跑速度：行进间跑、加速跑、反复跑，距离 30～60 米。

(2)改进跑的节奏：跳远练习（助跑 7～9 步）；跨栏跑练习，根据学生的能力决定栏高、设置栏间距离。

(3)改进平跑技术：高抬腿跑、小步跑、车轮跑等练习。

(4)提高跑的能力：重复跑、高抬腿跑、原地摆臂，将徒手练习和负重练习结合起来。

平跑练习中，要求动作放松自然、准确到位，体会接近跳高助跑的节奏。

2. 起跳速度练习

(1)蹬伸速度
①原地纵跳摸高。
②助跑摸高/跳远。
③跳深练习。
④连续跨栏或跳高凳。
(2)摆动速度
①助跑起跳膝触高物。
②连续上步摆腿、摆臂跳起。
③负重原地摆臂、摆腿练习

3. 过杆速度练习

(1)利用助跳板进行助跑过杆练习.
(2)双杆练习等。

(三)灵敏与协调训练方法

学生参与跳高运动,要掌握跳高技术动作,并不断熟练和完善专项技术,就要有良好的灵敏和协调能力。灵敏性和协调性是综合能力,是各方面能力的综合表现,而不是特指某一方面单独存在的能力。身体灵敏与协调能力是指人在客观条件突然发生变化时能够迅速、准确地改变身体运动并依然保持身体平衡的能力。在跳高专项灵敏与协调能力的训练中,必须结合跳高的专项技术来进行练习,并与其他专项体能素质的训练有机结合,从而促进灵敏与协调的综合能力的提升。

学生可以通过参与球类运动、操类运动、武术运动、各种跑跳结合的练习以及单双杠技巧练习等来发展自己的灵敏和协调能力,从而为熟练掌握跳高技术、提高跳高技能打好基础。

五、铁饼项目专项体能训练

掷铁饼运动是一个速度力量性项目,这项运动以力量为基础、速度为核心，因而专项力量和专项速度的训练很重要。铁饼专项体能训练是一个整体系统，要发展各个专项素质。随着掷铁饼技术的不断发展，对参与者专项体能的要求也越来越高，学生参与这项运动，除了要有良好的爆发力和动作速度外，空间感觉能力和平衡能力也要达到一定的要求，如此才能在高速旋转中顺利掷出铁饼。

下面重点对掷铁饼项目的专项力量、专项速度以及专项灵敏和协调性的训练方法进行分析。

（一）力量训练方法

1. 正面原地掷铁饼

面对投掷方向，两脚开立，将铁饼向身后摆动。躯干向右后方扭转，微屈膝降低重心。随铁饼回摆动作双腿蹬伸、向前送右髋，带动投掷臂将铁饼掷出。

2. 侧向原地掷铁饼

身体左侧对准投掷方向，两脚开立。完成预摆时重心移向右腿，并降低重心。右腿向投掷方向蹬转发力送髋，带动上体和投掷臂将铁饼掷出。

3. 原地连续挥片

身体充分扭紧时开始发力。以右腿、右髋的转动为主。投掷臂充分伸展、大幅度摆动。

4. 仰卧单臂挥片

两腿固定，坐在山羊上转体后仰下摆铃片，躯干充分扭紧。

5. 原地鞭打标志物

右手持小竹条，从最后用力预备姿势开始，鞭打标志物。

（二）速度训练方法

（1）加速跑、行进间跑、短跑、沙地跑、草地跑等各种距离跑的练习。

（2）借助轻器械完成各种跑的练习，如负重加速跑、变向跑、计时短跑等。

（3）利用橡皮筋做后蹬跑、跨步跑等牵引跑练习。

（4）听信号应答练习、接力比赛。

（5）快速交叉转髋。

（6）助跑跳远、助跑跳高、助跑起跳＋转体练习等。

（7）选择重量轻的实心球进行投掷练习。

（8）做完整的掷铁饼技术练习。

（三）灵敏和协调训练方法

掷铁饼运动对人的灵敏性和协调性有较高的要求，因此在专项体能训练中不能忽视这方面身体素质的训练。通过专项灵敏与协调能力训练，提高空间感觉能力和平衡能力，对旋转后顺利将铁饼掷出很有帮助。提高灵敏和协调性的训练手段如下。

（1）各种球类练习。

（2）健美操练习。

（3）花样跳绳练习。

（4）借助栏架进行专门的过栏练习。

（5）追逐游戏练习。

六、铅球项目专项体能训练

推铅球同样是一个速度力量性项目。推铅球时，身体横向转动能够使身体肌肉力量得到充分发挥，身体肌肉力量发挥的程度与躯干转动角度有关，角度越小，身体力量越能得到充分发挥。铅球的远度是由出手的角度决定的，所以在铅球专项体能训练中要充分考虑如何改善身体用力角度和铅球出手角度的问题。

专项体能素质水平和专项技术水平是决定推铅球成绩的关键，在体能训练中要结合专项技术特点和技术提升的需求来设计专项训练手段，从而通过专项力量、速度、柔韧、灵敏及协调等的训练而有效提升健康水平与运动技术水平，进而提高铅球运动成绩。

（一）力量训练方法

下面重点介绍背向滑步推铅球的力量训练方法。

1. 双手接推实心球

面对抛掷方向，双脚前后开立，双手胸前接同伴传来的实心球。接球后顺势下蹲、重心后移，把实心球引向胸部。向前蹬腿，在身体前上方双手推回实心球给同伴。

2. 原地推壶铃

投掷臂持壶铃腹侧于肩上，成最后用力前预备姿势。右腿、右髋迅速发力将壶铃推出。

3. 仰卧起转体推拉橡胶带

坐在横向的鞍马上，左脚在上、右脚在下固定在肋木间，投掷臂手握胶带固定于颈侧。身体后仰，躯干尽量向后转动，腰腹部和胸部肌群依次用力做出向身体前上方的转体推球动作。然后躯干下摆再次练习。

4. 持球连续滑步

持球后体前屈，右腿后蹬与左腿后摆配合发力，沿直线做连续滑步。

5. 蹬转摆片

双手持杠铃片成最后用力前预备姿势，手臂伸直，右脚蹬转推动右髋转动伸展。将杠铃片举至头上方，身体成反弓状，右腿支撑身体重心。重复练习。

（二）速度训练方法

铅球运动专项速度是体能训练的核心内容，这是由铅球项目的特征所决定的。在专项速度训练中要考虑如何在发挥力量的基础上使速度得到最大化提升，如何实现由专项力量向专项速度的转换。

学生要结合铅球专项技术特征进行速度训练，尤其是动作速度。在铅球训练课中，一般在学生注意力处于高度集中状态时科学安排速度训练，以提高训练效果。

铅球专项速度训练和铁饼速度训练的方法相似，参考如下。

(1)各种跑的练习，如短跑、行进间跑、沙地跑、台阶跑、加速跑等，以组合形式灵活安排各种距离的跑。

(2)橡皮筋牵引跑练习。

(3)负重跑练习，如计时跑和不计时跑、规定距离或自由距离跑。

(4)手持铅球做推动、后抛、前投等练习。

(5)跑跳结合的练习，如助跑跳高、跳远等。

(三)柔韧性训练方法

在铅球专项体能训练中，柔韧训练的地位非常重要，良好的柔韧性是增加动作幅度的重要条件，柔韧性差的人在推铅球运动中很容易发生肌肉损伤的现象。铅球运动中预摆幅度、投掷臂投掷距离的增加都需要以良好的柔韧性作为条件，柔韧性强更有助于完善推铅球的技术。因此在铅球专项体能训练中，柔韧性训练必不可少。

在推铅球专项柔韧训练中，一般采用静力性拉伸和动力性拉伸的方法，具体手段包括弓箭步走、踢腿、压腿、体前/侧屈、劈叉、转髋等。此外，结合武术动作练习也有助于锻炼柔韧性。

(四)灵敏和协调训练方法

完成和完善推铅球技术同样需要参与者具备良好的空间感觉能力和平衡能力，如果平衡能力和空间感觉能力差，那么在投掷过程中可能因为身体失衡而无法顺利投出。投掷区对铅球的投掷远度有影响，这就需要投掷者灵活性强。参与推铅球运动的学生要结合铅球专项特征而有针对性地进行灵敏与协调素质的训练。

学生可以通过参与各种球类运动、操类运动、舞蹈运动、武术运动、各种跑跳结合的练习以及单双杠技巧练习、游戏练习等来发展自己的灵敏和协调能力。

灵敏和协调能力的训练方法多样，常常需要将各种练习组合起来，并根据练习需要而对练习方式进行灵活调整，如变换速度的练习、变换节奏的练习、变向练习等。丰富有趣的训练方式更能够提升学生训练的兴趣和积极性，提升训练效果。

第三节　球类运动专项体能训练

球类运动项目有很多，受篇幅所限，本节主要讲解排球与乒乓球的专项体能训练方法。

一、排球运动专项体能训练

（一）力量训练方法

排球运动中，各个技术的完成都是以良好的力量素质作为基础的，良好的肌肉力量和爆发力是拦网起跳、扣球、防守快速移动以及完成各种击球动作的基础；良好的力量耐力是长时间连续移动、连续跳跃的基础。因此排球专项力量训练非常重要。

下面重点列举重要部位肌肉力量练习方法。

1. 手指手腕力量练习

（1）用双手十指按压墙面，适度支撑重心。

（2）手指用力将软网球握在手中。

（3）手持轻器械做手腕绕环/屈伸等练习。

（4）在俯卧撑的基础上双手腾空击掌。

（5）双手将一定重量的物体提拉起来，如沙袋、壶铃。

（6）双手持杠铃，手腕翻转。

（7）手持实心球，手腕发力将球抛向上空再接住。

（8）手持篮球或足球，用排球运动中正面上手传球的动作方法对墙传球或向同伴传球。

2. 躯干力量练习

(1)仰卧在斜板上,腹肌收缩。
(2)仰卧在垫子上,将实心球夹在双脚间,两腿同时上举。
(3)抓握杠铃置于头后,做转体、体侧屈等练习。
(4)抓握杠铃置于头后,做体前/后屈练习。
(5)仰卧起坐,上体坐起后徒手模仿挥臂扣球的技术动作。
(6)手持实心球抛向头后。
(7)在高凳上俯卧,双手抱头,由同伴压腿,上体向上、向后屈,直至最大幅度时保持片刻,反复练习。

3. 下肢力量练习

(1)反复蹲跳。
(2)大跨步向前走。
(3)负重蹲起。
(4)负重上下高凳。
(5)身体成蹲姿向前行走。
(6)负重提踵。
(7)负重稍蹲/半蹲跳。
(8)负重蹲起+提踵。
(9)沙地上深蹲跳。
(10)半蹲模仿不同目标方向的垫球动作。

(二)弹跳力训练方法

(1)反复全蹲跳。
(2)助跑起跳摸高或模拟扣球动作。
(3)连续跳栏架。
(4)跑动中起跳拦网。
(5)在不同位置接连扣抛球。
(6)助跑起跳扣球+后撤防球。

(7)3 号位、4 号位、3 号位、2 号位、3 号位连续移动拦网。

(8)拦对方扣球＋进攻线附近防扣球＋助跑扣球，连续完成。

(三)速度训练方法

在排球运动中，任何队员都不能让球停留在自己手中，要在变化莫测的环境下快速完成各种击球动作，人要随着球的移动而移动，随着球的变化而变化。因此学生参与排球运动必须要有良好的速度素质。

在排球专项速度素质训练中，学生要特别注意起跳速度和手臂速度的专门训练。

1. 起跳速度练习

(1)连续起跳。

(2)连续跳过若干栏架。

(3)连续跳绳。

(4)在一个高台上连续跳上、跳下。

(5)依次跳若干高台。

(6)连续蛙跳。

(7)网前起跳拦网。

(8)助跑起跳模拟扣球动作。

(9)两人一组，各自在球网一侧，一人进行快速移动和拦网练习，另一人追随对方的节奏，保持同步。

2. 挥臂速度练习

(1)徒手连续挥臂进行模拟练习。

(2)手持轻器械快速挥臂，连续练习多次。

(3)挥臂扣吊球。

(4)手持羽毛球做投掷练习。

(5)两人隔网高抛羽毛球练习。

(6)手持橡皮条，紧拉挥臂。

(7)助跑起跳远投小皮球。

(8)助跑起跳扣快球。

(9)对墙自抛自扣球练习，要求扣球时快速挥臂。

(四)耐力训练方法

排球比赛不规定时间,高水平比赛中,双方实力相当,比赛时间有时长达两个多小时,比赛时间长、运动负荷大,对参赛者的耐力水平提出了很高的要求,因此加强专项耐力训练非常重要。

排球专项耐力训练内容与方法如下。

1. 移动耐力练习

(1)连续移动 3～5 米。

(2)连续移动＋连续传球。

(3)移动中模仿完成不同方向的垫球动作。

(4)连续鱼跃救球若干次。

(5)看手势连续向不同方向跑。

(6)移动中连续传/垫球。

(7)全场连续移动中防守。

(8)两人一组,手拉手以半蹲或稍蹲姿势连续向不同方向移动,不断变化方向。

2. 比赛耐力练习

(1)连续打 6 局比赛。

(2)体能训练＋排球比赛。

(3)连续攻防练习,3V3 或 4V4。

(4)连续攻守战术配合练习。

(5)连续技术组合练习:如垫球＋传球＋扣球,拦网＋后退防守＋扣球,扣球＋后退防守＋再扣球等。

二、乒乓球运动专项体能训练

(一)力量训练方法

(1)持轻器械快速屈伸前臂,练习 2～3 组,每组 15～20 次。

(2)跳台阶练习,3～4 级台阶,连续练习。

(3)肩负轻杠铃直腿跳。

(4)脚绑沙袋做 2/3 台正手连续拉或扣练习。

(5)负轻器械快速左右移动练习。移动步法有跳步、并步、交叉步等。

(二)速度训练方法

1. 反应速度练习

(1)动作反应练习

练习前告诉练习者多种徒手动作,如正、反手攻、拉、扣等动作。同伴任意喊其中一个动作,要求练习者做出应答反应,也可连续喊一连串动作。可原地练习,也可行进间练习。

(2)多球变换练习

有规律变换成无规律,如正手接右半台近网小球后结合推、扣的练习,30 秒后变换成无规律的全台推、攻、拉等动作练习。

2. 移动速度练习

(1)步法移动练习

以球台边线距离为准,要求在 30 秒内以最快速度完成滑步、跨步、交叉步练习。每次 3～4 组。

(2)滑步、交叉步捡球练习

在两个筐内各放置 20 个乒乓球,筐放在不同位置,距离 1.5 米,要求练习者采用滑步或交叉步步法移动,将球从其中一筐捡到另一筐,重复两次,每次用一种步法。

3. 动作速度练习

(1)持拍快速徒手动作练习,计 30 秒正手攻、拉、扣等动作练习。动作速度节奏一般为慢—快—最快—快—慢。

(2)30 秒～1 分钟 2/3 台或者 1/2 台正手单面攻或拉球练习,要求挥臂速度快、移动快。

(3)背靠球台双手摸台角练习,要求动作转换快、腰部转体快。

(4)用多球练习提高动作速度。

(三)耐力训练方法

1.1 分钟多球练习

按照规定的训练内容进行反复练习,每组练习间歇 1 分钟,直至感到疲劳为止。

2. 快速移动捡球练习

将 20 个乒乓球放置不同方位的筐内,要求练习者将球从有球的筐捡向无球的筐,反复一个来回,每次 20 个球,做 4～6 组,间歇 5 分钟。

3. 拉橡胶带练习

拉胶皮带做正手攻、拉等动作练习。强度为 55%～60%。

(四)灵敏训练方法

(1)以多球形式变换旋转练习:连续供 3～4 个上旋球,突然供一个下旋球或一个不转球。

(2)连续供不同旋转性质与不同旋转强度的练习:以多球形式为主,要求命中 50 球为一组,每次练习 2～3 组。

(3)听口令原地或行进间做各种击球动作。

(4)听信号做各种变换方向的步法练习。

第八章　促进学生体质增强的运动处方及训练指导

伴随着社会经济的发展，先进的科学技术在给人们带来便利与实惠的同时也带来了诸多的社会文明病，这为人们的身体健康敲响了警钟。近些年来，据调查发现我国青少年学生的体质状况不容乐观，亟待改善。本章就重点设计促进学生体质增强的运动处方，并提供科学的训练指导。

第一节　运动处方概述

一个科学合理的运动处方非常重要，学生要想快速有效地提升自身体质水平，就需要依据既定的运动处方按部就班地进行锻炼。

一、运动处方的概念与特点

（一）运动处方的概念

很长一段时间以来，人们就对运动处方的概念有着不同的表述，通常来说主要有以下几种观点。

（1）对于准备参加体育运动的人群，首先要有意识地了解自身的身体健康状况，包括相应的医学检测和运动测试。特别是心血管情况、心肺功能以及运动系统的功能状况等等。除此之外，应根据身高、体重、年龄、性别、兴趣爱好等主客观的因素，合理地安排运动负荷。

(2)对于一般的健身者而言，首先需要确认自己的身体素质是在健康水平范畴之内，然后可以结合个人身高、体重等身体特点以及兴趣爱好，以处方的形式制定运动形式、运动频率、运动强度、运动时间等，这样才能取得理想的健身效果。

(3)对于康复人群而言，要以自己的体检报告为依据，其中特别重要的是心肺功能的指标情况，再结合自身的康复目标“对症下药”，制定切实可行的运动处方，这样才能摆脱疾病的困扰，早日恢复健康。

(4)对于专业运动员而言，要根据医学开具的检查报告，比如运动试验和体力测验，按其健康程度、体力恢复状况以及心血管功能状况，以运动处方来量化运动种类、运动强度、运动时间及运动频率等。

综上所述，运动处方就是体育教练、康复治疗师、健身教练、私人教健、健康管理师等，根据健身者或者患者的年龄、性别、运动试验、身体素质测试、一般医学检查、康复医学检查等结果，按其自身状况和身体素质以及心血管、运动器官的功能状况，结合主、客观条件，以运动处方的方式合理量化、制定相适宜的运动项目，以及有针对性地调控其运动内容、强度、时间及频率。需要注意的是，青少年学生的身体还未完全发育成熟，还缺乏必要的自制力，有时候会出现情绪化问题，在制定运动处方时就需要考虑到这些方面的要素。

(二)运动处方的特点

1. 明确而清晰的目标

一方面，运动处方需要具有明确而准确的目标。一般分为远期目标和近期目标。在制定运动处方之初，最先考虑的就是想达到什么样的目的。因此，在制定运动处方时就需要根据实际情况确定合理的长期目标或者近期目标。

另一方面，运动处方的目标需要随着身体的变化而进行调整，不可僵化处理，一切应为其目标服务。

2. 可操作的运动计划

运动处方的第二个特点是因其可量化而方便操作。在实际实施过程中，运动处方需要循序渐进地安排，规定具体时长、频率、周期等，因此在执行中动作要求清晰明确，容易坚持。

3. 运动处方简明扼要

一般来说，运动处方简单易懂、方便理解。没有过多的神秘性，因此被受众接受起来更容易，不会有任何心理负担或理解困难。因此，简明扼要的运动处方对于青少年学生而言非常重要。

4. 运动处方具有多维度功能

运动处方并不仅仅是训练方法或者康复方法，它具有健康维度的追求，同时也兼具美感的追求。不仅有增肌和减脂，还包括美体和塑形。不仅有康复和治疗的功能，还可以锻炼意志，磨炼心智。因此，制定运动处方时要综合考虑多方面的因素。

5. 运动处方科学有效

制定合理的运动处方并不是一件轻松的事情，需要综合教育学、心理学、训练学、康复体育学、临床医学等综合学科的理论并结合具体的实际情况，制定出的运动处方一定要科学和有效。对于参加运动锻炼的学生而言，运动处方是促进其体质水平提升的非常有力的手段。比如运动强度、时间和频率，都是经过多学科研究成果的验证的。因此，只要严格按照运动处方执行，就能取得预期的运动效果。

6. 运动处方具有针对性，因人而异

依据科学原理制定的运动处方具有科学性和针对性，学生可以在具体的运动锻炼中灵活地运用。比如，在制定青少年运动处方时，应格外注意青少年的特殊性，他们正处于身体发育的高峰期，但是每个人的成长速度又不尽相同。有人发育早些，有人发育晚些，同样的年龄段，可能在身高、体重等身体指标上存在着非常大的差异。因此在制定运动处方时要因人而异，制定出具有针对性的运动处方。

7. 运动处方安全可靠

安全可靠是运动处方的一个重要特征,因为安全是运动锻炼的第一要素。因此,无论是针对健身运动、康复运动还是治疗运动,运动处方都以安全为最高原则。在保证安全可靠的前提下参加运动锻炼,既保证了身体安全,又获得了预期的运动效果。

二、运动处方的分类与要素

(一)运动处方的分类

1. 按照运动目的分类

(1)体育教学类的运动处方

一般来说,体育教学中运动处方的制定依据首先是学生的生理特点和心理状态,以及学校在场地、器材和地理环境方面的综合考虑。比如位于高海拔地区的学校与平原地区的学校相比,在安排运动类型和运动强度时会有很大的区别。此外,即便是相同环境、相同年龄的教学班,也要根据全体学生测试的结果进行分析,针对不同情况设计科学合理的运动处方。

需要注意的是,针对青少年学生的运动处方,还要考虑通过合理的设计能够激发学生群体的运动主动性和积极性,只有让学生感受到运动的快乐,才能获得理想的运动效果。

(2)竞技训练类运动处方

对于那些运动人才而言,会根据自身情况和发展需要,设计相应的提高运动技能水平的运动处方。比如按照专项培养方向制定的力量性运动处方、耐力性运动处方、速度性运动处方等,依据这些运动处方通常能获得理想的训练效果。

(3)健身类运动处方

对于一般的青少年学生而言,他们会依据自身的兴趣爱好参加一定的体育锻炼,从而达到强身健体的目的。在当前激烈的竞争环境下,青少年面临着很大的学习压力。在这样的情况下，制定出相应的符合青少年日常生活学习的运动处方显得尤为重要。

(4)康复类运动处方

对于患有某些身体疾病的学生而言，则需要根据他们的身体发育特点以及病患问题，制定针对性较强的运动处方。下面简单介绍其中的几种。

①改善心血管系统的运动处方

以改善或加强心血管系统功能为主，用于患有心血管疾病的青少年群体，比如青少年高血压等，此类运动处方以预防或康复为主要目标。

②呼吸系统运动处方

以改善和提高呼吸系统功能为主要目的的运动处方，可以有效辅助治疗和康复各种呼吸系统的疾病，比如哮喘、肺结核、气管炎等。

③神经系统的运动处方

青少年学生的身体和心理都处于快速成长阶段，再加上来自学业的压力，有一部分青少年都或多或少有睡眠问题，以及由于情绪压力引起的神经衰弱问题。于是，制定一套改善和提高神经系统功能的运动处方尤为必要。

④消化系统运动处方

改善和提高消化系统功能的运动处方，是指针对具有消化不良问题的青少年的运动处方，可以帮助他们预防、治疗某些系统疾病。

⑤运动系统的运动处方

以改善和提高运动系统功能的运动处方，比如治疗肩周炎的运动处方，治疗颈椎病的运动处方等。

2. 按照构成体质的要素分类

(1)增强身体机能的运动处方

身体机能是人体及其系统、器官所表现出来的生命活动现象。制定相应的运动处方，比如增强心血管功能运动处方、增强肺功能运动处方、改善消化功能运动处方等，依据这些运动处方参加锻炼都能取得不错的效果。

(2)改善身体形态的运动处方

学生依据科学合理的运动处方参加运动锻炼能有效改善或提高其身高、体重、腰围、臀围等指标。如增加身高运动处方、控制体重运动处方、改善胸围运动处方、腿部健美处方等。因此,通过制定相应的运动处方,能有效改善身体形态,促进体质增强。

(3)增强身体素质的运动处方

依据合理的运动处方参加运动锻炼,能帮助学生增强身体素质、健美体形。比如针对力量、速度、耐力、灵敏性及柔韧性等机能能力而设计的运动处方。如增强力量素质的运动处方、增强速度素质的运动处方、增强耐力素质的运动处方等。

(4)调节心理状态的运动处方

健康的心理水平可以极大地影响着生活质量,因此保持和维护健康的心理状态,对人际关系互动、学习工作的顺利进行都有着重要意义。然而,运动处方对心理健康发展也具有相应的作用。比如,增进健康情感的运动处方、培养意志品质的运动处方等。

(5)提高适应能力的运动处方

当周围环境发生一些变化时,学生要做出相应的调整,可以利用运动处方来提高和锻炼人体对内外环境变化的适应能力,增强对疾病的免疫,对抗应对紧张和刺激的应激能力。

3. 按实施运动处方的环境分类

(1)学校健身运动处方

学校健身按场地可分为室内和户外两种。一种是根据室内空间大小以及安装的设施设备的种类与数量而设计的运动处方,以备课间学生活动或者体育教学的使用。另一种是根据学校户外场地规划情况而设计的运动处方。

(2)健身房健身运动处方

依据健身房的条件制定相应的运动处方,可分为徒手运动、器械运动以及各种操课的运动项目。

(3)家庭健身运动处方

家庭健身处方是根据各自家庭环境的条件,制定适合家庭人员身体和年龄状况的一些运动处方。可以是家庭多成员共同参加的多人运动,也可以是单人运动。家庭健身处方可以使人在居家时进行健身活动,既可以增强体质、改善形体,又可以增加家庭成员间的合作互动,有利于家庭和谐。

(二)运动处方的要素

1. 运动强度

运动强度可以说是决定运动效果的重要因素之一。在一定的安全范围内,运动强度越大效果则越好。但是,毕竟运动强度大小是一个相对概念,因人而异,因此,学生在健身时选择和确定适合自身的运动强度尤为重要。

青少年处于青春发育期,其自制力还不够成熟,如果在运动中,由于各种原因进行了超出自身身体允许的安全强度,很可能造成对身体的伤害。因此,设计青少年学生运动处方时,一定要结合学生的身体与心理发展规律和特点确定合适的运动强度。

(1)运动强度的关键指标

最常用的生理学指标有心率、最大心率百分比、心率储备百分比等指标。

(2)运动强度不宜随意更改

确定运动强度后最好不要随意修改。尤其对于心血管机能不全或者存在某些运动限制的患者,应当采取稳定的、循序渐进的策略来制定运动处方。运动时间与运动强度的关系见表 8-1。①

表 8-1 运动时间与运动强度(最大吸氧量%)的配合

运动时间		5 分钟	10 分钟	15 分钟	30 分钟	60 分钟
运动强度	小强度	70%	65%	60%	50%	40%
	中等强度	80%	75%	70%	60%	50%
	大强度	90%	85%	80%	70%	60%

2. 运动持续时间

(1)持续时间要适宜

运动效果并不是短时间就能获得的,需要持续一定的时间才行。可

① 刘纪清,李国兰. 实用运动处方[M]. 哈尔滨:黑龙江科学技术出版社,1993.

以说，除了运动强度之外，运动持续时间是另一个决定运动效果的关键因素。也就是说，要想达到理想的运动效果，比如想在机体形态、结构、生物化学和机能水平等多方面综合发生改变和提高，除了确定合理的运动强度外，还要确定合理的运动持续时间，这两方面缺一不可。

一般来说，每天进行一个小时左右的中等强度的健身运动，是符合运动生理学理论的。但需要注意的是，运动持续时间并不是越长效果越好，还要注意避免运动疲劳和运动损伤。

(2)一天一次为最佳

相关研究与实践表明，满足一天一次持续较长时间、维持中等强度以上的运动，通常运动效果是最好的。但是，对于身体发育程度跨度较大的青少年学生来说，可以根据自身情况合理调节自己的运动持续时间，制定一个切实可行的运动锻炼计划，依据这一计划按部就班地参加运动锻炼。

3. 运动密度

运动密度即运动频率，如果不能满足每天一定强度的运动，那么尽量保证维持一个相对稳定的频率，这样才能达到较好的运动效果。切忌长期不运动，或者短期猛运动，这样运动容易导致运动损伤，不仅不能取得理想的锻炼效果，甚至还会危害身体健康。

三、运动处方的实施

(一)活动内容

运动处方的主要活动内容可分为周期性运动和非周期性运动。其中，周期性运动在制定运动处方时，已经根据过往的运动数据以及对应查表确定了适宜的项目，比如走路、跑步、蹬车等。非周期运动应根据测试的运动能力，选择恰当的项目。锻炼过程中需要用靶心率(THR)加以控制，根据运动中的心率及时调整运动强度。

(二)运动强度

具体实施运动处方时，控制运动强度的主要指标是心率和主观感受。另外，在开始锻炼时要逐渐提高靶心率(THR)，当运动速度、功率等保持，但运动中心率达不到靶心率(THR)时，代表心脏的功能已经比先前有所提高，这时候就可以提高运动强度以提高功能能力。

另外需要注意的是，当心率与主观感受相矛盾时，应以主观感受为主，因为主观感受往往先于心率的变化。

(三)持续时间

运动处方的持续时间包括了准备活动、实际运动和整理活动三部分。需要注意的是，每次运动要保证心率在靶心率(THR)的持续时间至少在20分钟。

(四)运动频率

运动频率根据个人的身体情况和时间允许而定。但一般建议每周3次，或隔天锻炼一次。

(五)运动处方效果的评价

经过一个阶段的运动处方的锻炼后，可选择一些指标来测试运动效果。

1. 指标的选择

在运动处方中，每个指标都有它的侧重性，因此学生要根据自身的锻炼目标选择适合的评价指标。

2. 指标的客观性

评价指标应考虑来自天气、场地、季节以及自身健康情况等因素的影响，从而客观、真实的评估一段时间的锻炼成果。

3. 评价指标筛选

评价指标没有优劣之分，选择最方便可执行的为最佳，因为只有便于锻炼者去测试与计算的时候，才真正可以长期发挥作用。制定的运动处方一定要有一个合适的评价指标，这关系到运动效果的获得。

第二节 减肥塑身群体的运动处方及训练指导

一、肥胖对健康的危害

现代科技在带给人们实惠与便利的同时也带来了诸多的社会文明病，肥胖症就是其中的一种。肥胖者在现代社会是很常见的一类群体，而且有不断增加的趋势。现代人日常生活中坐姿占据大部分时间，如坐在电脑前工作，一坐就是一天，吃饭后也不活动，身体热量消耗极少，而摄入的能量又比较大，能量消耗与补充处于不平衡的状态，久而久之就会出现肥胖现象。

肥胖对人体有一定的危害，如出现最常见的脂肪肝，导致血脂不正常，使脑血管疾病的发病率增加，增加高血压、糖尿病的风险，使心脏承受较大负荷，增加心脏病的发病率。

为了减肥塑身，肥胖者会考虑多种方法，如少进食、吃减肥药等，但这些都不是正确的做法。大量的实践表明，运动才是减肥塑身的最好方式，通过科学的长期的锻炼，不仅能减去脂肪，保持良好体型，还能促进新陈代谢，使血压、血脂下降，并能有效减轻心脏负荷，促进人体全面健康。

二、减肥塑身的有效手段——有氧运动

大量的事实表明，有氧运动是减肥塑身的最为有效的手段。肥胖者参与有氧运动锻炼，要注意控制好运动强度，以每分钟心率 130 次左右为宜，一次运动时间持续 1 小时左右，运动频率以 3～5 次/周为宜。肥胖者适合选择的有氧运动项目主要有健身走跑、竞走、骑自行车、健身操舞、球类运动、毽绳运动、太极拳等。根据身体情况及兴趣爱好选择两三项参加，可以使皮下脂肪数量和脂肪体积减小、缩小，增加基础代谢，促进脂肪与能量消耗，从而达到良好的减肥塑形效果。肥胖者必须坚持长

期参加运动健身，不能三天打鱼两天晒网，这样起不到理想的减肥效果。

肥胖者参与有氧运动锻炼，需要注意以下几个方面的要求。

（一）循序渐进地参加运动锻炼

循序渐进主要表现在对运动内容、运动强度、运动时间、运动量的调整上，要慢慢增加运动的内容、强度、时间和练习量。从低负荷运动、中等负荷运动到大负荷运动的变化要做好过渡与衔接，不可突然从低负荷进入大负荷，否则会引起运动损伤。

（二）运动强度要适宜

肥胖者在运动锻炼中，要根据自己的健康状况而选择运动方式和运动强度，如果身体健康，那么运动强度以小于且接近"靶心率"为主。如果强度过小，在有氧锻炼中是达不到理想减肥效果的。

如果肥胖者除了肥胖症，还伴有高血压、冠心病、糖尿病等疾病中的任何一种，那么都不适合进行大强度运动，主要选择舒缓的项目进行锻炼，如健身走、太极拳、柔力球等。

（三）结合具体实际确定合理的运动时间

肥胖者在以减肥为目的的有氧运动锻炼中，如果自己身体健康，那么每次锻炼要持续 40 分钟左右，也可以适当延长至 1.5 小时左右。具体时间根据自己的实际情况而调整，但是不能少于半小时。而且每周要达到一定的运动量，尽可能确保隔天锻炼一次，如果一周只有一两天锻炼，那么减肥效果也不理想。

（四）运动前做好准备活动，运动后做放松练习

完整的运动锻炼除了正式的练习外，还包括热身活动和放松整理活动。热身活动主要是活动关节、拉伸韧带，参与运动的主要部位是重点活动部位，以提高机体适应运动负荷的能力，加快机体尽快进入运动状态的速度。

每次锻炼结束后，都要做牵拉性的柔韧练习，以放松筋骨，同时也要做一些低强度的放松练习，如步行、健身跑等，在放松练习时注意调整好

呼吸，充分放松身心，促进身体机能快速恢复，有效消除身心疲劳，进入正常生活状态。

三、肥胖群体运动注意事项

（一）运动前做必要的医学检查

肥胖者参加运动锻炼之前最好要做一次全面的医学体检，检查身体健康状况，了解除了肥胖外是否有并发症，如高血压、糖尿病、冠心病等，如果没有，可以和正常健康者一样进行锻炼，如果有并发症，要注意适量运动，加强运动中的安全防护，确保运动锻炼的顺利进行。

（二）依据自身实际合理控制饮食

减肥者在参加运动的过程中会消耗大量的能量，消化功能不断改善，增加食欲，如果运动后不加节制地大吃大喝，那么运动的效果会受到影响，很难达到理想的减肥效果。运动减肥与饮食控制要结合起来，这样减肥效果更好。控制饮食不等于过度节食，而是要选择健康的食物，合理补充脂肪类食物和碳水化合物，营养的补充要均衡，要满足机体的运动需求。

第三节　强身健体群体的运动处方及训练指导

肥胖对人体健康是有危害的，而瘦弱的体型同样不利于人体健康，因此，这部分人群也需要增强自身体质，要通过运动的方式来增加身体肌肉，改善瘦弱体型，塑造健康体型，达到强身健体的效果。

一、运动锻炼的基本原则

在运动锻炼中，对身体各项机能系统予以刺激，再加上科学的膳食营养，不断提高身体机能适应能力，增加肌肉比例和改善肌肉质量，从而为人体运动提供更好的动力源，以达到良好的增加体重和改善体形的效果。强身健体群体参加运动的锻炼要注意以下原则。

（一）速战速决

通过运动锻炼增加肌肉比例时，不能对肌肉造成过度的消耗，而要对其予以合理的刺激，在刺激肌肉时要节约体力，减少消耗量，所以在肌肉锻炼中讲求速战速决。

（二）费力省功

在肌肉力量锻炼中以器械练习为主，选择中等重量和大重量的器械，练习次数从少次数要中等次数逐渐增加，从而对肌肉造成有效刺激，同时节约能量消耗，对肌肉组织生长起到良好的促进作用。

（三）配合饮食

运动是增肌的良好方式，同时要配合合理饮食来增加肌肉比例，运动与饮食相结合，能够达到更好的增加效果。增肌者在饮食方面要注意以下两个要点。

(1)补充足够的蛋白质，为身体生长提供良好的能量源泉，保证这类营养素的供应，以修补身体缺陷。

(2)通过饮食补充能量，而且一天中消耗的能量要比摄入的能量小，确保体内有充足的能量来促进身体生长。身体离开了能量与热量是无法顺利生长的。需要注意的是，补充能量主要是为了增加瘦体重，所以要控制对脂肪的摄入，不能通过大量补充脂肪类食物来补充热量。

二、运动锻炼方法

下面介绍几种肌肉锻炼方法。

（一）站姿前平举

两脚开立，双手正握杠铃，手臂向下伸直，吸气。直臂举起杠铃，手臂与肩在同一水平线上，稍停片刻，呼气，挺胸收腹，慢慢放下杠铃还原。反复练习。

（二）颈后臂屈伸

坐姿或站姿，上身挺直，胸微挺，两手握杠铃置于颈后。上臂固定，收缩肱三头肌，吸气，前臂发力举起杠铃，保持片刻，屈臂还原。重复练习。

（三）站姿直腿向各个方向举

两脚并立，身体挺直，吸气，两腿交替用力向前、后、外侧、内侧等方向举起，稍停，呼气，腿下落还原。反复练习。

（四）练习架提踵

斜靠在练习架上，两脚平行开立，肩部顶住阻力臂，吸气，用力向上踮脚，稍停，呼气，脚放下还原，重复20次左右。

（五）俯立颈屈伸

头戴“练颈帽”，下垂绳上挂好重物，两脚开立，上体弯腰前俯，双手分别放在两侧膝关节处，挺胸收腹，腰部肌肉收紧，吸气，抬头，稍停，呼气，慢慢低头还原。反复练习。

四、运动锻炼注意事项

强身健体群体参加运动锻炼需要注意以下几个方面的要求。

（一）运动量要适中

有很多的健身者存在一个误区，那就是认为运动量越大，一次练得越多，增肌效果越好，体质水平提升就越快，实际上这是不科学的。因为盲目增加运动量，会造成体内能量大量消耗，甚至消耗大于补充，这样不仅不会增强体质，甚至还会危害人体健康。

（二）科学补充蛋白质

从饮食上来说，补充蛋白质和热量是提高瘦体重，增强身体素质的主要方法。但是并不是补充得越多越好，要合理补充，否则会增加器官负担，对体内环境造成破坏，引起疾病。一般来说，增肌群体补充蛋白质的原则是每天每千克体重补充 1.2～2.5 克，尤其是在运动锻炼期间要注意额外的补充。

第四节 患病群体的运动处方及训练指导

一、糖尿病人群运动保健

（一）糖尿病概述

根据医学相关研究，糖尿病是由遗传、免疫系统功能紊乱、微生物感染等多种因素导致引发的，主要病症是体内血糖指标高于标准值。一般来说，糖尿病主要分为以下两类（表 8-2）。

表 8-2 Ⅰ型糖尿病和Ⅱ型糖尿病特征比较

特征	Ⅰ型糖尿病	Ⅱ型糖尿病
发病率	5%～10%	90%～95%
发病年龄	<20 岁	>20 岁
发病情况	快速	缓慢
家庭史	不明显	明显
治疗	必须使用胰岛素	必要时须使用胰岛素
胰腺分泌胰岛素量	没有或几乎没有	正常或较多
酮酸中毒	常见	少见
体脂	正常/消瘦	多有肥胖倾向或超重

（二）糖尿病人群运动处方

（1）做好准备活动和整理活动：整个运动健身应包含5～10分钟的低强度有氧运动（如走路、骑车等）作为准备活动和整理活动，

（2）尽量选择无负重的非竞技运动，如自行车、游泳、太极拳、健身气功等。

（3）运动以中小强度锻炼3～4次/周；每次运动20～30分钟；心率为50％～80％储备心率。

（4）运动期间注意医务监督，如果血糖水平＞250毫克/分升且出现酮症状，应立即停止运动；血糖水平在100～250毫克/分升水平时锻炼最佳。

（5）运动期间，随身携带易吸收的糖类，如水果、饼干、饮料等。

二、高血压人群运动保健

（一）高血压概述

高血压是一种以动脉舒张压持续升高为主要表现的慢性疾病，血压比一般健康者相比要高（表8-3），可引起心、脑、肾等重要身体脏器病变，严重者可致人死亡，作为参加运动健身的学生，尤其是有高血压隐患的学生而言要高度重视这一点。

表8-3　世界卫生组织（WHO）和国际高血压协会制定的高血压分级标准①

类别 Classification	收缩 Systollc blood pressure	舒张压 Diastolic blood pressure
理想血压 ideal blood pressure	＜120	＜80
正常血压 norFflal blood pressure	＜130	＜85

① 刘国仗．高血压的渗断与分类．中华内科杂志，1999，38(8)：572-573

续表

类别 Classification	收缩 Systollc blood pressure	舒张压 Diastolic blood pressure
正常高值 high-normal blood pressure	130～139	8S～89
Ⅰ级高血压(轻度) mild hypertension	140～159	90～99
亚组:临界高血压 subgroup:critical hypertension	140～149	90～94
Ⅱ级高血压(中度) moderate hypertension	160～179	100～109
Ⅲ级高血压(重度) severe hypertension	≥180	≥110
单纯收缩性高血压 pure systolic hypertension	≥140	<90
亚组:临界高血压 subgroup:critical hypertension	140～149	<90

(二)高血压人群运动处方

(1)运动健身以有氧运动为主,可选择太极拳、步行、健身跑、游泳、娱乐性球类等运动。

(2)运动频率每周至少大于三次,最好是每天运动,每次 20～60 分钟。

(3)每周运动消耗体内热量应至少达到 700～2 000 千卡热能。

(4)运动期间应注重医务监督,运动健身计划:应根据不同病人的症状和体征、心血管状况评估制定。对准备高强度健身计划的超过 45 岁男性和 55 岁的妇女,应进行平板运动试验。

(5)运动期间合理饮食,控制盐的摄入,饮食中保持充足钾、钙、镁的摄入。

(6)超重体形者应先降重。

三、冠心病人群运动处方与指导

（一）冠心病概述

冠心病是冠状动脉粥样硬化性心脏病和冠状动脉功能性改变的统称。冠状动脉粥样硬化使血管腔阻塞导致心肌缺血缺氧而引起心脏病，这是动脉粥样硬化导致器官病变的最常见类型，是严重危害人体健康的常见疾病。

冠心病患者多发于40岁以后，并且男性患者要多于女性患者，脑力劳动者患病概论较大。冠状动脉发生粥样硬化后，由于管腔变窄，并常发生痉挛，最终引起心肌缺血，出现阵发性心绞痛或胸骨后、左前胸（心前区）的压迫感；如果心肌严重持久缺血以至心肌坏死，就会形成急性心肌梗死。

近年来，人们对于冠心病运动治疗的研究逐步深入。如今，国内外开展运动治疗较多，并且效果良好，无并发症的心肌梗死患者早期活动是安全和可行的。通过合理的运动康复锻炼，能够有效避免长期卧床引起的各种并发症，从而促使机体的恢复。

（二）冠心病人群运动处方

1. 运动处方范例一

患冠心病合并高脂血症，长期服用扩冠药物，运动锻炼很少或不规律。身体其他器官、系统功能良好，体形匀称。可以按照以下运动处方参加运动锻炼。

（1）准备活动

上肢伸展运动：两臂做侧平举、上举、后伸等动作，动作到位后静止停留10秒后再恢复放松，每个动作重复6次。

下蹲起立练习：做下蹲—站起动作，重复6～8次。动作要慢，慢蹲慢起，速度均匀。蹲起过程中要保持上体直立，目视前方。禁忌低头弯腰。

(2)基本活动

以低强度和持续性运动为主要锻炼方式,可在快步走、慢跑或登山(登上小山坡)几种运动方式中变换。春、夏、秋季每周进行一次登山,3～4 天从事慢跑或快步走练习。冬季则以快步走和慢跑为主,天气过于寒冷时在室内跑步机上进行锻炼。

快步走时注重速度的变化,快慢的变化根据个人状况进行调整,锻炼持续时间在 30～40 分钟,初始阶段从"10 分钟快走＋10 分钟休息＋10 分钟快走＋10 分钟休息＋20 分钟快走"的方式开始锻炼,总练习量为 40 分钟快走。待适应一段时间之后,身体功能得到一定程度的改善,逐步完成 40 分钟持续的快步走练习。

在参加登山活动时,尽量选择那些难度不大的山丘,这种方式是心脏病康复的最好运动方式。在进行 1 年快步走锻炼之后,则选择郊区的小山丘进行登山练习,每次上、下一次需要 2.5 小时左右,心率控制在 160 次/分钟以下。如果心率超过 160 次/分钟,则休息 5 分钟,直到心率恢复到每分钟 120 次左右时再继续。

2. 运动处方范例二

患冠心病合并心律不齐(早搏或心动过缓),有一定规律的体育运动锻炼。可按照以下运动处方参加运动健身。

(1)准备活动

骑车 15 分钟左右,骑车速度由慢到快,注意监测心率。基础心率(清晨、安静、躺卧状态下的心率)为每分钟 68 次,骑车过程中的心率控制在每分钟 100 次以下。

(2)基本活动

沿着小坡快步走,上坡时速度稍快,心率控制在每分钟 180 次左右:下坡时稍慢,使心率处于恢复过程中。上、下坡加起来的距离约 60 米。上下坡快走 4～5 趟,每趟之间休息 5～8 分钟,根据自身情况进行适当休息。

在运动锻炼结束后,健身者需要进行适当的整理活动,促进身体的平复。主要是进行下肢和腰腹的伸展运动,拉长肌肉,促进血液的循环,调整肌肉和神经的状态。例如,深蹲活动,全脚掌着地深蹲保持 5～10 秒,能起到良好的效果。

四、残疾人群的运动保健

(一)残疾人群常见问题

身患残疾的人群,受自身缺陷的影响,很多时候会出现一些心理问题,如自卑、缺乏自信心等,社会对残疾人的关爱也有待加强。

1. 自卑心理

残障群体由于身体上的残缺而造成在生活方面有一系列的不方便,并且,这在很大程度上也影响了他们的自尊的建立,很多残障群体都或多或少存在自卑心理。在很多方面,他们的心理特征、生活方式和行为特点等都具有特殊性。而且大多数的残障人士都感到自己或多或少存在心理障碍。有分析指出,很多时候,当残障人员参与锻炼健身时经常会招致一些猎奇的目光,这在一定程度上会影响他们的锻炼积极性,更加加重了自卑心理。长此以往,残障人群的健身积极性会越来越低,健身活动也会越来越少。这对他们的身体健康带来严重的负面影响。

在社会层面,还需要加强对人民群众思想意识和素质教育的工作。应教导广大群众树立正确的价值观,加强自尊自爱的建设,杜绝低级落后的思想观念。尤其应该强调对弱势群体的尊重、理解和支持,共同营造平等、互助、友爱、团结的整体氛围。让每个人无论健康或残障都有同等的权利,参与到国家在推行健康中国战略过程中开展的各项体育健身活动中。增强残障人群的生活热情,通过提升他们的身体素质从而提高他们的生活质量。通过合理的体育健身活动,不仅提高残障人群的身体素质,还能改善他们的心理状态,促进其身体和心理的健全。

2. 适合残障人群健身的硬件不足

虽然我国的公共健身设施在近些年来得到了良好的建设,但是以目前我国建立的公共健身场地的情况来看,绝大多数都不适合残障人群开展健身活动,这也是特殊群体进行体育健身所要面对的现实困难。运动场地及健身器材是人们进行健身锻炼、体育活动的重要基础。现有的场地中很少有能被残障人员有效使用的健身场地和设施,这些都是影响残障人员锻炼健身的主要问题。大多数残障人员主要在社区、公园和学校里进行体育锻炼及体育运动。而大多数的场馆设备条件不仅不能满足他们的健身需求,而且健身器材的质量也不能保证,很容易损坏。残障人员对场地设备的需求较高,如果没有契合残障人员身体特性的专用场地和设备,他们的健身选择将非常有限,只能进行一些快走、散步等休闲健身活动。而若想发展足球、篮球甚至一些器械性的健身活动,基本上没有合适的场所可以进行。因此,在今后健身设施建设中,要充分考虑到残疾人群的需求,为他们提供一定数量的健身设施与设备。

3. 缺乏相应的体育锻炼指导人员

目前,总体来看,我国严重缺乏针对残障人员的体育健身指导员,这对于残疾人群参加运动锻炼是十分不利的。残障人群由于身体方面的缺陷,在进行体育运动的时候和普通人不同,他们需要更加专业的健身教练的指导,保证其体育运动能够在科学、有效的前提下进行,否则反而会给身体带来新的隐患。尽管近些年来已经得到国家和社会的重视,但是整体而言,还是不容乐观的,这需要相关部门今后加强这一方面的建设。

(二)听力残疾人群的运动处方

1. 听觉训练

(1)鼓励病患充分利用残余听力,也可以借助助听器得到听力补偿。

(2)采用刺激法,通过选频放大来增强听力障碍者的听觉功能。利用声响(节奏感,悦耳)刺激患者听力,并通过不同声音的强弱变化来提高患者对声音的感受能力。

2. 语言呼吸训练

听力语言障碍者往往会伴有语言障碍,人的语言呼吸与听力发展是有非常密切的联系的,通过在呼气和吸气的交替,控制气息,完成发声。语言呼吸是听力残疾者语言康复的基础。

(1)树立标准的语言呼吸模式。

(2)结合语言呼吸训练与发声、说话,控制气息。

(3)及时纠正语言呼吸的错误和偏差。

(4)通过触摸感知说话者说话时喉头的震动与腹部起伏情况,进行发音训练。

(5)佩戴助听器,学习模拟说话者发声。

(6)唇读练习,通过口型变化判断提高发音理解。

(三)视力残疾人群的运动处方

视力残疾指手术、药物或验光配镜无法改善的视功能障碍,视力低于0.3。

低视力者和无视力者可通过以下运动训练适应低视力,并提高生活能力。

1. 听觉训练

(1)视力残疾者接受连续声音刺激能力较强,接受间歇的声音信号的能力较弱,可给予声音刺激。

(2)视力残疾者感受来自身体直线方向声音能力强,感受来自体旁声音能力弱。给予正前方声源刺激。

2. 触觉训练

(1)用手触摸各种体育器材和设备,了解其尺寸、硬度、形状及用途等。

(2)用手触摸同伴或自己的身体,了解做不同动作时身体的姿态及肌肉的紧张与放松程度。

(3)用脚触摸地面,感知地面的硬度和光滑度,发展身体不同部位的触觉。

3. 空间感训练

(1)走直线练习,减少偏离距离。

(2)听声音转体练习。

(3)同伴陪同走一段距离,自己原路返回。

(4)在户外能感受阳光的地方进行辩向练习。

(四)肢体残疾人群的运动处方

1. 截肢康复训练

(1)保持正确的残肢体位

手臂截肢:进行相应关节的所有运动训练,以防挛缩畸形。

大腿截肢:截肢者戴着石膏或弹性绷带坚持大腿加沙袋俯卧位训练,每天2次,每次20分钟。

小腿截肢:避免膝关节屈曲挛缩,在轮椅上使用木板固定膝,或在床边垂下小腿。

(2)增强肌力训练

①助力运动

徒手助力运动:不借助器械,患者主动运动。

悬吊助力运动:利用绳索、挂钩、滑轮等装置悬吊减轻自重训练肢体运动。

②主动运动

肌力在3级或以上时,患者可进行主动运动。可悬挂肢体,或把肢体放在平板上,在水平面上运动,或在温水中运动,利用水的浮力减轻自重。

③抗阻运动

当肌力3级以上时,进行抗阻运动训练,根据肌肉收缩类型分为等张抗阻运动、等长抗阻运动和等速抗阻运动。

2. 假肢使用训练

(1)术后第一天:在助行器内练习病肢站立负重,时间1～5分钟,承重小于3.6千克,运动后卧床休息。

(2)术后第二天:站立5分钟,负重3.6千克,能站立几个5分钟能耐受时,可在步行双杠内训练站立平衡和试走,伤口未愈合负重应小于7千克。

(3)术后两周:在双杠内练习行走,负重小于10千克。

(4)术后和日常生活中常规训练:在医师指导下,循序渐进反复练习,熟练掌握动作。

3. 日常运动参与

(1)娱乐性体育活动

运动保健目的:增强和提高生活的质量,扩大活动范围,增进残疾人之间友谊。

运动保健项目:徒步、轮椅篮球、轮椅乒乓球、轮椅射箭、田径、游泳等。

(2)呼吸操

运动保健目的:加强残肢肌力,恢复残肢关节活动,预防和消除关节挛缩。

运动保健项目:呼吸操锻炼、健肢运动、残肢的肌肉收缩与主动运动等。

(3)运动性竞赛

运动保健目的:增强自信,改善患者的心理和精神状态,积极面对生活。

运动保健项目:轮椅排球、短跑等。

参考文献

[1]杜建军. 我国青少年学生体质健康教育创新研究[M]. 重庆：西南大学出版社，2021.

[2]彭玉林. 青少年理想体质综合评价体系研究（中学生）[M]. 北京：中国经济出版社，2018.

[3]胡亮. 青少年体质健康促进政策研究[M]. 杭州：浙江大学出版社，2019.

[4]韩伟. 青少年体质健康监控与管理研究[M]. 长春：吉林科学技术出版社，2019.

[5]刘强德，刘京，李峰. 基于我国青少年振兴计划启动下的青少年体质健康保障体系研究[M]. 哈尔滨：哈尔滨工程大学出版社，2019.

[6]章建成，任杰，舒盛芳. 青少年体质健康教育干预方案[M]. 上海：复旦大学出版社，2013.

[7]夏菊锋，赵嘉奕，刘君. 国家学生体质健康标准（2014 年修订）锻炼手册[M]. 上海：上海科技教育出版社，2015.

[8]傅建霞. 大学生体质健康风险管理[M]. 哈尔滨：哈尔滨地图出版社，2009.

[9]郑锴，任丽平，王柳行，李江斐. 高校大学生体质健康现状调查[J]. 管理观察，2015(24)：131-133.

[10]倪艳秋. 青少年体质健康现状及干预对策研究[D]. 鲁东大学，2013.

[11]胡世琦，金晔，宋晓玉，刘中华，李永超. 基于国家学生体质健康标准背景下学生体质监控平台的建立[J]. 青年与社会，2020(21)：143-144.

[12]张持晨等. 大学生健康管理信息服务平台构建方法介绍[J].

中国学校卫生,2014,35(06):952-953.

[13]朱奥.长株潭地区大学生体质健康现状与预警机制的构建研究[D].湖南科技大学,2014.

[14]苏文涛.构建学生体质健康测试与预警平台的相关分析[J].湖北科技学院学报,2017,37(06):83-86+90.

[15]林振华,林宇,万文博.大学生体质健康预警机制构建研究[J].辽宁体育科技,2018,40(06):79-85.

[16]骆建.对运动训练中的超量恢复现象与超量恢复原理的审视[J].中国体育科技,2001(06):10-12.

[17]王佳,沈阳,陆永华.基于健身目的的体能训练理论与方法[M].长春:吉林大学出版社,2011.

[18]刘建国,崔冬雪,范秦海.学生体能锻炼教程[M].石家庄:河北教育出版社,2010.

[19]秦剑博,常宇伟.大学生体能健身理论与方法[M].北京:北京体育大学出版社,2018.

[20]周胜.大学生体质健康指南[M].北京:中国广播影视出版社,2020.

[21]陈佩杰,王人卫,胡琪琛,张春华.体适能评定理论与方法[M].哈尔滨:黑龙江科学技术出版社,2005.

[22]谭成清.体能训练[M].长沙:湖南师范大学出版社,2012.

[23]杨海平,廖理连,张军.实用体能训练指南[M].广州:广东高等教育出版社,2013.

[24]龙春生.体能训练法[M].沈阳:辽宁大学出版社,2009.

[25]宋东翔,王怡然,李叙钊.健康体质测试系统的设计与实现[J].软件,2021,42(06):28-30.

[26]宋彦敏.身体素质测评自动化探讨[J].湖北体育科技,1996(02):91-92.

[27]陈春华.青少年身体素质测评的优化路径及策略[J].当代体育科技,2018,8(03):221-223.

[28]范辉国.青少年篮球运动员身体素质测评信息系统的研制与开发[D].广西师范大学,2017.

[29]关璐.学生体质健康测试效果研究[J].内蒙古财经大学学报,2022,20(02):23-26.

[30]蔡立伟，付琨，苏颖，徐方易．朝医四象医学体质理论与《黄帝内经》理论体系源流关系探微[J]．中国中医基础医学杂志，2022，28(02)：232-235．

[31]窦丽作．大学生体质健康的理论与实践研究[M]．北京：北京理工大学出版社，2020．

[32]李梦祎，张智颖．定边县2019年国民体质监测身体形态指标分析[J]．延安大学学报(自然科学版)，2021，40(04)：117-120．

[33]王向宏．体能训练理论与方法(第二版)[M]．北京：北京航空航天大学出版社，2014．

[34]曾理，曾洪林等．高校体能训练理论与训练教学指南[M]．北京：新华出版社，2018．